新时代小学教师教育融媒体丛书

刘 慧/丛书主编

JIANXING SHIDE

践行师德

刘 慧 刘惊铎 等/编著

U0659748

北京师范大学出版集团
BEIJING NORMAL UNIVERSITY PUBLISHING GROUP
北京师范大学出版社

图书在版编目（CIP）数据

践行师德／刘慧，刘惊铎等编著 . —北京：北京师范大学出版社，2021.12

ISBN 978-7-303-27289-1

Ⅰ.①践… Ⅱ.①刘… ②刘… Ⅲ.①中小学－教师－职业道德－高等学校－教材 Ⅳ.①G635.16

中国版本图书馆 CIP 数据核字（2021）第 195289 号

营 销 中 心 电 话　010-58801876　58807732
北师大出版社职业教育分社网　http://zjfs.bnup.com
电 子 信 箱　zhijiao@bnupg.com

出版发行：北京师范大学出版社 www.bnupg.com
　　　　　北京市西城区新街口外大街 12-3 号
　　　　　邮政编码：100088
印　　刷：保定市中画美凯印刷有限公司
经　　销：全国新华书店
开　　本：889 mm×1194 mm　1/16
印　　张：10.25
字　　数：210 千字
版　　次：2021 年 12 月第 1 版
印　　次：2021 年 12 月第 1 次印刷
定　　价：28.00 元

策划编辑：林　子　　　　　　责任编辑：马力敏　梁民华
装帧设计：焦　丽　　　　　　美术编辑：焦　丽
责任校对：康　悦　　　　　　责任印制：陈　涛

代　序

认识小学儿童　认识小学教育（节选）[①]

一、重新认识现代小学儿童的发展特征与教育

小学教育是为小学儿童举办的，我们不能仅仅要求小学儿童适应现有的小学制度，适应小学教师现有的教育方式。相反的，小学教育和小学教师必须正确认识小学儿童，认识他们的发展规律及发展需求。

不断发展和进步的儿童观是我们办小学教育的前提。儿童观是人们对儿童的总的看法和基本观点。意大利教育家蒙台梭利早就警示人们：了解儿童，注意我们和儿童世界的关系，"乃是一个良心的问题"。被誉为现代"中国儿童教育之父"的陈鹤琴先生也说："只有了解儿童，才能教好儿童。"

6～12、13岁是小学儿童身心发展速度最快的一段生命时期。他们从以游戏学习为主的生活方式进入以课堂学习各门学科为主的生活方式。学校学习生活和交往方式刺激着儿童的脑突触生长并且有选择和有一定方向性地形成愈益复杂的"互联网络"。小学儿童的学习潜能和创造力是巨大的，而且，只要具备良好的、有滋养性的环境，他们就会有惊人的可塑能力。同时，我们知道每个小学儿童都是一个独特的个体，他们有相互区别的不同神经活动方向和水平。

儿童的学习和发展是他们与其所处的环境互动的结果。认知学习的内容，成人世界的态度，儿童的情绪、情感顺畅表达与否等，构成对个人学习和发展不同的具体意义。所以，我们绝不应该对儿童采用同一的教育方式和评价方式。就社会生活方式和文化大环境而言，今天儿童面对的信息量以及传播方式，面对的价值观引导及其方式，以及他们自身的交往方式都发生了重大的改变，因此不能不考虑他们中的大多数作为独生子女的经历、他们对网络及媒体学习的兴趣和能力、他们受到的不健康风尚的影响和竞争的压力等。所以，我们必须在新的历史条件下重新整体地看待小学儿童。

二、重新认识小学教育的性质任务和特殊的教育功能

小学教育与教育体系内其他教育阶段相区别的独特性主要表现在基础性、全民性、义务性

[①]　选自朱小蔓《认识小学儿童　认识小学教育》，载《中国教育学刊》，2003（8）。

和公益性等方面，而最重要的独特性是基础性。长期以来，我们对基础性的理解：一是强调它是整个教育制度的基础，小学教育是为学生升入中学做准备；二是强调培养目标上的"双基"，即基础知识、基本技能。近些年，日益激烈的"应试教育"，已经从中学蔓延到小学。众多的家长把小学作为竞争的起跑线，提前演绎升学竞争。这种状况使小学生过早地承受着升学的压力，使儿童失去其本该欢乐的童年，结果是学生学习热情明显降低，对学习日益厌恶和逃避。

小学教育不是升学教育的基础，而是素质教育的基础，在人类倡导构建学习化社会的时代，它是终身教育的奠基阶段，是为人生的发展奠定基础的。作为基础教育，而不是高等教育、职业教育，它是以提高国民素质为目标而进行的非定向、非专门的教育，它不是为某一行业，而是为社会所有行业培养人才打基础的。所以，它的知识、技能不是为了选拔、升学、择业，而是尽可能为人的身心全面发展提供最有利的条件。今天，仅有传统上的"双基"是不够的，我们还要激发儿童积极的学习情感和态度，以促使他们终身保持热爱学习的欲望。从一定意义上说，这种起动力作用的情感态度比"双基"更为基本、更为重要。

三、重新认识小学教师的培养，转变传统教师的角色

小学教育是启蒙教育。在这一阶段，小学教师与可塑性极大的儿童们相处，通过各类课程以及与儿童打交道的互动过程引导儿童向真、善、美和谐的方向发展。小学教师要直接面对身心、智能、精神发展各异的儿童，要发现和感受他们的需要，引发他们学习知识、学习道德的兴趣。

教师要成为学生的关怀者、学生的促进者、教育的研究者。教师在课堂以及其他教育现场开展工作，具有相当大的独立性、个体性。儿童观摩、模仿能力和感受能力强，小学教师的言谈举止格外需要掌握分寸。小学生兴趣爱好的多向性、小学生知识教育的综合性，对小学教师的知识面、性格、气质、敏感程度及其应对能力等综合素质的要求很高，小学教师与大学、中学教师相比较，在许多方面都具有鲜明的专业特殊性。小学教师最有效而长远的培养是在小学教育的岗位上，在教育改革的活动中，从传统的角色中走出来，在新课程实施中实现自身的发展，提升我国小学教育的质量。

朱小蔓

丛书总序

本套丛书集中呈现了我们长期从事小学教师教育理论研究与实践探索的成果，体现了我们对小学儿童、小学教育、小学教师教育及其关系的认识与理解，也着重体现了国家对当代小学教育专业的认证标准、基本理念、培养目标与毕业要求。

培养好的小学教师是当代教师教育的重要使命。何谓好的小学教师？好的小学教师如何培养？这是新时代小学教师教育研究者和工作者必须回答的问题。小学教师是小学教育的实施者，小学教师的素质如何，直接关涉小学教育的质量、小学儿童的生命健康成长状况。《国家中长期教育改革和发展规划纲要（2010—2020年）》明确提出："有好的教师，才有好的教育。要加强教师教育，深化教师教育改革，创新培养模式，提高教师培养质量。"近些年来，我国颁布了《教师教育课程标准（试行）》（2011）、《小学教师专业标准（试行）》（2012）、《普通高等学校师范类专业认证实施办法（暂行）》（2017）、《教育部关于实施卓越教师培养计划的意见》（2014）、《教育部关于实施卓越教师培养计划2.0的意见》（2018）等，这些政策文件从多方面为培养好的小学教师划定了内涵边界，提供了政策保障。习近平总书记提出的"四有好老师"为培养好的小学教师指明了方向。

我国本科层次的小学教师培养开启于20世纪90年代末。经过多年的探索，"中小学"不分的局面被"打破"，小学教师的特性、小学教师与中学教师培养的差异性渐渐明晰，中学教师培养的"学科+教育"之"双专业"模式并不适合小学教师的培养；"综合培养、分科选修"的"2+2"培养模式，"综合培养、特色人才"的培养模式，"分方向"的培养模式，"2+大文大理"的培养模式[①]，随着卓越小学教师培养计划项目的推进，开始逐渐迭代升级。例如，首都师范大学小学教师培养模式由"综合培养、发展专长、注重研究、全程实践"的1.0模式，正在迭代为"儿童取向"的卓越小学教师培养2.0模式。其核心强调的是以儿童为本，实施儿童教育，凸显儿童性、生命性、体验性、综合性。

基于人本教育理念的理性审视，小学教育的实质是儿童教育，而非学科教学。儿童教育意味着以儿童为本，回归儿童的生活，助力儿童生命健康成长，为儿童幸福人生奠基。卓越小学教师之"卓越"的核心即在于突破学科本位，回归儿童教育本位。卓越小学教师是能以儿童为本、研究儿童、理解儿童、读懂儿童、实施儿童教育的好教师，是儿童生命健康成长的指导者和引路人。

[①] 刘慧：《关于初等教育学科建设的几点思考》，载《首都师范大学学报（社会科学版）》，2009（1）。

　　促进儿童生命健康成长，是落实立德树人根本任务的重要体现，是小学教师全部工作的出发点和归宿点。儿童生命的健康成长，离不开教师的爱。爱是小学教师最重要的品质。教师之爱，首先体现为爱生命、凸显生命性。生命是教育的基点，基于儿童生命立场的教育教学活动，是促进儿童生命健康成长的必然要求。爱儿童的生命，就要认识儿童，理解儿童，读懂儿童，为儿童提供适切的教育。因此研究儿童，理解儿童生命成长的规律、儿童认识世界的方式、儿童生活的特性是小学教师的必备品质与关键能力。

　　高质量教育发展，需要高素养的教师。从教师素养的角度看，提高素养是小学教师专业发展的必要条件。当代我国小学教师的发展主要经历了增长学科知识、提高教学能力、提升学历层次、促进专业发展等阶段，而今正走向人的发展阶段。所谓人的发展，实质是人的生命发展。生命发展是教师专业发展的不竭动力。培育小学教师的发展素养，促进小学教师的生命发展是新时代小学教师教育的核心任务。

　　"未来已来，过去未去。"当今人类社会正处在又一个新的转型期，人工智能正在改变人类的生存方式，不仅挑战了现代人的体力、智力，而且正逐渐替代人类诸多赖以生存的职业。但也有人工智能不能替代的事物，就目前而言，人工智能的"天花板"是生命，关注人的生命、情感、感受、体验等是人工智能难以替代的，这正是小学教师的价值所在。

　　从未来的角度看，成为生命教师是教师发展的理想价值。所谓生命教师，是对生命有着深刻认识与理解，能以生命为本、以生命为师，用生命从事教育事业，以生命影响生命的教师；是能将教育回归生命，能以学生生命健康成长为宗旨和使命的为了生命的教师。生命教师是未来对教师的角色定位，也是教师应对人工智能挑战的一张"王牌"。

　　正基于此，本套丛书的创编注重由"知识本位"转向体现"以人为本"的教育理念，注重以学生为中心，凸显生命体验。教材的编写不是只见知识，不见人；不是以"教"为主，而是以"学"为主，体现以学定教；凸显"融媒体"的新型教材特点，体现时代对创编及使用教材的新要求，即通过增强教材的交互性和开放性，使教材成为师生学习的一部分，注重信息技术的应用，教学媒介由单纯的纸质教材延伸到包括电子课件、模拟动画、微课视频及考试系统等多媒体手段上来。

　　感谢北京师范大学出版社的邀请，尤其是林子编辑积极、热情的投入与推动；感谢参与本套丛书出版的全体作者。

　　谨以本套丛书为我国高校小学教育专业创建二十周年献礼。

刘慧

2019 年 3 月 15 日

于西钓鱼台嘉园

前　言

本书是基于生命教育理念研发的又一本小学教师教育教材。[①]

师德师风建设已成为今天教师教育的重心。如何将此落实，尤其是在小学教师职前培养中落实，是本书的旨归所在。

本书的创作立足于教师本身，侧重于师德践行，着眼于教育职场中师德实践样态，力图呈现可见、可感、可亲、可信、可学的真实师德形象，以便于小学教师学习、效仿与领悟。

一、关于师德，我们的认识

对师德的认识，是我们创作本书的基础、前提。千年回溯，师德是教师之魂，没有师德就不能成为优秀教师。现实考察，师德是教师专业的内在要求，是教师工作的行动指南，也是教师幸福的重要保障。面向未来，师德是立德树人的根本保障。

（一）师德是为师之本，没有师德就不能为师

师德是小学教师专业品质的内在要求。教育部颁布的《小学教师专业标准（试行）》（2012）、《小学教育专业认证标准》（2017）等都高度重视师德，强调培养小学教师践行师德的意识与能力。《新时代中小学教师职业行为十项准则》（2018）和《中小学教师违反职业道德行为处理办法（2018年修订）》明确规定了教师职业道德底线。教师的职业使命是立德树人。没有师德，立德树人的根本任务就不能实现。教师不是教书匠，而是培养人的人；教师的工作不是造物，而是培养人。教师仅有知识和技能是不够的。没有师德，教师的专业知识、专业能力就没有了灵魂。所以，小学教师必须得有德，无德不为师。

师德是教师职业的社会价值和人格保障。在教育职场中，教师的生存与发展状态主要取决于教师能否处理好教书与育人、教师与学生、个人与角色之间的关系。这三个关系在具体的教育情境中并非都是一致的、和谐的，而是时常处在矛盾与冲突之中。教师如何才能处理好这三个关系？依据何在？师德恰恰在此彰显其价值与意义。师德是处理好教书与育人关系的"方向盘"，是处理好教师与学生关系的"定海神针"，是处理好个人与角色关系的"航标灯"。

[①] 在此之前，已完成了小学教师德育教材两本，即《小学德育实践》（2012）、《小学生品德发展与道德教育》（2015）；小学课堂教学系列教材三本，即《小学课堂有效教学》（2015）、《小学课堂有效教学研究》（2016）、《小学课堂有效学习评价》（2016）。

（二）关爱是师德的灵魂，没有关爱就无法呈现师德

没有关爱，就没有教育。习近平总书记提出"四有好老师"，其中"仁爱之心"是好老师的根基。没有仁爱之心，是不能成为好老师的。《中小学教师职业道德规范》以"爱"为核心，对教师职业道德做出六条规范。爱是为师之魂，是教师教书育人、为人师表的基础，是教师终身学习的重要动力。

教师之爱包含五个层次：爱党、爱国、爱岗、爱生、爱己。对于教师来说，爱党爱国是基本要求。教师要为党育人、为国育才，培养爱国守法的人才是教师的使命所在。爱岗敬业是每一职业内在的基本要求，教师职业也不例外。关爱学生是教师之爱的集中体现、具体落实，是教师工作的特性所在。

教师对学生的爱，应回归生命，基于生命。教师工作的基点是促进儿童生命健康成长，教师的使命是成为儿童生命健康成长的引路人，这需要教师理解儿童的生命需要，读懂儿童的生命表达，在此基础上帮助儿童，才能促进儿童生命健康成长。

教师对生命的关爱是教师之爱的基础。不仅指向儿童生命，也包括教师自身的生命。教师只有真正懂得爱自己，才能真正爱学生。不将自己作为一个独立的个体生命去爱，就不能真正将学生作为一个独立的个体生命去爱。故教师应以生命为本，以终为始，陶己育人。

（三）实践是师德的本质属性，没有实践就无法体现师德

实践性是新时代师德的本质属性。师德属于实践领域而非认识领域。在教育中，师德以教师的情感、态度、价值观等形式存在，不仅体现为教师对职业道德的认知与理解，而且体现为教师在教育教学实践中的具体行动。师德不只是德性，更是德行。师德不仅存在于教师的观念之中，而且体现在教师的职业实践之中，指导着、决定着教师行动的方向。所以，对每一位教师而言，师德不是"静态"的拥有，而是"动态"的践行。也就是说，师德不是讲出来的，而是做出来的。没有师德的行动，就很难说有师德的存在。

践行师德不仅指向行动，而且指向行动中的体验与反思。对教师而言，不是"知"就能"行"，而是要在"行"中"知"，做到"知行合一"。也就是说，师德不仅包括具体的行动，而且包括践行时的体验与反思。唯有在践行师德的过程中不断地体验、反思，教师才能真正理解师德、学习师德、探究师德、践行师德。

（四）生命性是师德的品性，与教师如影随形

师德与教师如影随形，具有弥散性，时时刻刻存在于教师的教育教学生活之中，无论教师是否意识到。

生命性是师德的重要品性。师德的生命性首先体现为师德的生命价值。立足于生命立场，师德是一种能量，是一种力。这种力体现为一种教育力、教学力、行动力，浸润于教师职场的方方面面；也体现为一种生命力、成长力、创新力，滋养教师专业，融通人际关系，提升教师的生命价值。

师德的生命性着重体现为师德的具身性。师德并非以知识性形态存在于教师的头脑之中，而是体现为教师自身的工作和生活方式。为师之道在于教书育人、为人师表。无论是教书育人，还是为人师表，都具有具身性，如"亲其师，信其道"，以身作则，身教胜于言教等。

师德的生命性体现为体验性。体验是生命存在的方式，师德的生命性也必然体现为体验性，故而教师在教育教学实践中体现师德、体验师德。

师德的生命性还体现为关系性。生命是关系性存在，道德也是关系性存在。师德作为教师的职业道德，存在于教师职场的各种关系之中（如教师与学生、教师与教师、教师与家长、教师与教育、教师与教学）。故师德不仅体现为教师个人品质，而且体现在各种关系中，尤其是体现于教师与儿童的关系之中。也就是说，师德不是教师的"孤芳自赏"，而是现实的、具体关系的处理能力与处理艺术。

师德的生命性离不开生态性。师德是知识，师德规范有明确的规定；师德是解决问题的能力，体现在具体场域、情境、关系之中；师德是实践智慧，具体情境是多样又复杂的，并非仅靠原则就能解决，需要适时适度地灵活处理。师德的知识性、能力性、智慧性构成了师德的生态性。

（五）师德境界有高低且与时俱进，教师需要不断提升与时偕行

从教有三种境界：谋生、喜欢、价值，即基于生存层面的谋生需要，基于情感兴趣层面的喜欢，基于价值层面的追求。处于不同境界的教师，对待教育教学、对待儿童、对待自己的表现样态是不尽相同的，个体的生命样态也是不同的。从事教师职业之人，所处师德境界不同，其自身专业成长的程度也不同。

师德境界有三。一是遵守规范，守住底线。关于师德底线，《新时代中小学教师职业行为十项准则》做出了明确的规定。二是心怀仁爱，自主发展。例如，面对儿童，师德体现为以儿童为先，尤其是当教师个人利益与儿童利益发生矛盾冲突时，检验师德的首要标准即教师能否将儿童利益放在个人利益之前，而不是以个人利益为先。师德的儿童立场，强调在教育教学活动中，教师始终能怀揣儿童、心系儿童，为儿童的生命健康成长服务，而不是为了个人利益有意无意伤害儿童。三是回归生命，追求美善，这也是师德的最高境界。2016年12月7日，习近平总书记在全国高校思想政治工作会议上强调，教师不能只做传授书本知识的教书匠，而要成为塑造学生品格、品行、品味的"大先生"。教师追求师德的最高境界，就是要成为"大先生"，就是要有生命价值观，有热爱教育事业的情怀，追求生命意义，实现生命价值，活出生命精彩。

提升师德境界是教师一生的功课。在教师从教生涯中，师德需要不断进阶。将师德贯彻于教师职业生涯全程，不是为了其他，而是为了学生生命成长，为了教师个人幸福。教师在职场中的师德体验与反思，能促使教师提升师德，促进师生生命成长。

二、关于师德培养，我们的理解和阐释

师德是小学教师职业之魂。教育部颁布的《小学教师专业标准（试行）》明确规定了合格小学教师的师德要求，《小学教育专业认证标准》明确提出了小学教育专业学生的毕业要求之首是

"践行师德"。可见，师德教育是小学教师培养不可或缺的内容。

师德教育是"难"的。一是难在准教师的师德不是教就能会的，不是学就能做的，他们在校期间的学习效果是难以被检验的。师德体现于教师职场中，只有在未来教育教学中才能得到检验。二是难在师范生在未来真实的教育现场中，是否按照所教的师德去做，走上教师岗位后如何行动，并不完全取决于他们在大学所学。但这并不意味着职前师德教育不重要，或可以放弃。

师德培养必须在职前进行。处理好师德的职前培养与在职实践的关系，是高校小学教师培养中必须解决的问题。对师范生的师德教育，不仅包括师德理论的学习，如师德的历史、原则等，而且包括在未来工作中如何践行师德。师德教育不是难在说理上，而是难在怎么做上，尤其是在具体教育教学情境中怎么做才是符合师德要求的。例如，师德之爱在具体情境中怎么呈现？师德之爱是确定的，但怎样爱是不确定的。

对师范生培养而言，师德教育不仅是使之"知"，而且是使之"深知"，使师德进入他们的脑中、心中，使其形成师德意识及践行师德的能力。职前培养的关键是处理好师德之知与师德之行的关系，跳出空泛说教、理论阐释、学理分析的模式，突破师德教育与一线教师真实生活难以"亲近"的状况，力求将师德"活化"，如以现象、故事等形式呈现师德的实践样态，帮助师范生通过学习、体验"境遇师德"来认识与理解师德的本质内涵、表现样态、境界层次、修养路径、养成过程等，进而培养师范生的师德意识，使其形成师德能力，提升师德境界。

三、关于师德教材，我们的愿望

正是基于上述对师德和师德教育的认识与理解，本书在创作时注重以《小学教师专业标准（试行）》《师范类专业认证标准（试行）》《中小学教师职业道德规范》等为依据，基于师范生的视角，注重师范生的主体性和师范生的师德养成，立足教育情境，以师德故事呈现师德样态。

追求将师德写实。不能让师德"飘浮"于空中，一定要让师德"落地"。践行师德存在于师德故事中。故本书的重点不是讲述有关师德的知识体系，而是试图突破传统对教师职业道德进行论述性阐释的教材编写体例，用叙事的形式呈现师德样态，描述教育教学情境中师德的具体表现形式，通过教育情境中真实的师德故事，使师范生有身临其境之感，进而获得对师德的真实感知。

追求"鲜活"的师德。本书力求回到教师的日常生活，呈现教师日常教育教学行为中"鲜活"的师德样态。为此，本书选取了近50个师德故事，既有古代、近现代教育家，如孔子、陶行知、蔡元培等的故事，也有当代教育家，如李吉林、于漪、魏书生等的故事。本书通过这些教师的教育故事，呈现教师职业道德在教育教学实践中的具体体现，呈现师德的存在方式与样态，使师德"活在"师范生的心中。

本书写作追求将师德落实于教师的实际工作中，将师德具象化，为不同时代的师德"画像"，为学习者在脑中确立一个师德形象，使师德可感、可知、可学。此外本书将师德置于人类历史进程、教育政策法规、社会发展状况、未来走向之中，帮助学习者形成一幅宏大的师德"画卷"。

本书设计了七大部分内容：从史论的角度阐发师德发展脉络，让读者对师德有一个宏观的、整体的、全方位的高维认知；从价值的角度揭示师德对教师专业、教师职场、个人幸福的意义，使读者能够立体理解、领略师德的价值；从师德规范的角度描绘不同时期及不同类型的师德"画像"，使读者对师德有"形象感"，能印记在头脑中；从生命的角度解读师德，以生命为本，帮助教师己立立人；从具体规范要求的层面看，践行师德应以终为始，陶己育人；从师德培育机制看，强调在践行师德中体验反思，提升师德境界；从未来走向看，描述师德的流向、优化、愿景等。

本书作为新时代小学教师职前职后一体化师德的培养教材，试图创新体例。本书写作的基本思路是以"叙事—提问—分析"为主栏目，辅以"图示—写作—读物"栏目。以叙事开头，提出师德问题，结合叙事进行分析与讨论。每一章开篇均选取一个故事，抛出本章主要议题，再提出几个具体问题，供读者思考。之后就每一个具体问题逐一展开论述，使读者在故事描述中可以直观师德，在故事分析中可以明晰师德、判断教师行为，在此过程中完成理念训练、思维训练、方法训练，在脑中装有鲜活的师德例子，在真正成为小学教师后能够"调取"师德示范，以指导教育教学实践。

本书编写思想框架、体例与提纲由刘慧、刘惊铎共同完成，撰写具体分工如下：

刘慧（首都师范大学教授）撰写前言、第二章、第三章、第四章；

刘惊铎（国家开放大学教授）撰写第一章、第六章、第七章；

黄萤雪（北京鼎石学校教师）撰写第五章，刘慧协助完成；

陶睿（首都师范大学附属中学教师）协助完成第三章；

任芳德（澳门城市大学教育学博士生）协助完成第四章；

吴凯（澳门城市大学教育学博士生）协助完成第六章、第七章；

在创作过程中，首都师范大学初等教育学院硕士研究生王珊等帮助整理、核查资料；清华大学附属小学教师王峰、李宁，北京航空航天大学附属小学教师范颖杰提供师德故事，在此一并表示感谢。

本教材的写作，无论是体例框架，还是具体观点表达，都是一次初创性探索。整个研究过程和呈现形态也还存在一些不足。期待未来深化研究后再做新的补充与完善，也恳请读者朋友批评指正，期待同仁不吝赐教。

需要说明的是，在书稿写作过程中，参考的文献和一线小学教师实践案例绝大部分已注明出处，但也难免存在一些疏漏。在此，请原作者谅解，也由衷地向原作者表示深深的敬意、歉意与谢意。

刘慧

2020 年孟秋 · 北京

目　录

第一章

师德发展的千年回望[①]

---

① 根据刘惊铎在首都师范大学初等教育学院院庆 20 周年学术系列讲坛——"大家讲堂"上所做主旨报告的文字整理稿加工而成。报告题目为《师德至尊,德智圆融——师德发展的千年流向》,整理人为首都师范大学王珊、周娜。

【核心观点】

★升维鸟瞰，尊师重道，源远流长。

★在师德的千年回望中真切领悟师德至尊、德智圆
融的境界。

★师德的历史也预示着师德发展的方向。

★师德具有崇高性：师德因大师而崇高，大师因师
德而伟大。

★师德是新时代立德树人的关键保障。

★新时代的师德发展方位正走向师德至尊，臻于师
德艺境。

第一节 尊师重道之风源远流长

在一个有着五千年悠久历史文化的国度谈论教师师德修养，一直都不仅是一个教育学的话题，还是一个史学话题、哲学话题、民族文化话题。从史学角度看，关于师德的标准、规范和修养境界等问题，千头万绪，众说纷纭。我们应该从何角度厘清头绪，以全面深刻地理解师德呢？

▶ 生命叙事 1-1

曾点的体验

子路、曾皙、冉有、公西华侍坐。

子曰："以吾一日长乎尔，毋吾以也。居则曰：'不吾知也！'如或知尔，则何以哉？"

……

"点，尔何如？"

鼓瑟希，铿尔，舍瑟而作，对曰："异乎三子者之撰。"

子曰："何伤乎？亦各言其志也。"

曰："暮春者，春服既成，冠者五六人，童子六七人，浴乎沂，风乎舞雩，咏而归。"

夫子喟然叹曰："吾与点也！"

在与众弟子的谈话中，唯有曾点的回答让孔子赞赏有加，其他三位弟子的观点一定程度上都未得到孔子的认可。在生态体验的视野下，孔子发现曾点找到了百姓安居乐业和国家礼乐盛世的途径。一些人认为曾点的回答并未像其他三位师兄弟那般有宏图壮志，在某种程度上似乎还有点"胸无大志"的意味；"浴乎沂，风乎舞雩，咏而归"更像是一种享乐，而非一种高远理想的追求。然而，正是这种从容不迫、悠然自得、与世无争的心态与追求，反映出了曾点对国泰民安的最本质的理解。曾点将自己置于三重生态圆融互摄之境，升维鸟瞰治国兴邦安民之道，他说的"暮春者，春服既成"的体验图景正是一种不违时节、四时祥和的美妙生活境界；他说的"冠者五六人，童子六七人"正是一种内修德政、长幼有序、少长咸集的怡然自得的类生态体验之境；他说的"浴乎沂，风乎舞雩，咏而归"正是一种礼未崩乐未坏，人们的生活、学习悠悠然回归自然之境。如此看来，曾点描述的社会生活的理想境界，正是孔子所要追求的平安、健康、舒心的生态体验之境。

正因如此，当孔子听到曾点的这一番对理想社会图景的描绘的时候，他才不由自主地夸赞起来，即"吾与点也"。作为师者的孔子身上所绽放出来的高尚师德，恰恰是他从不用自己的理想、观点和生活方式束缚、压制、替代学生的理想、观点和生活方式，而是很平和地说："以吾一日长乎尔，毋吾以也。"他自觉采取了循循善诱的启发式教育方法，在与学生的对话和思想碰撞中，不断唤醒学生独特的生命感悟与人生追求，让学生"亲其师，信其道"，自然而然地达到润物无声、立德树人的效果。

孔子与其弟子的对话提示我们，师者的人格力量与感染魅力是巨大的。在此，我们要进一步深入思考的是，教师究竟需要具备什么样的品质才能够成为一个好老师？怎样才能激发为师者或将为人师者的师德能量？为了更好地理解师德的理论意涵，我们必须从哲学层面理出一个简单的思想脉络，简明地回答师德是如何发展的以及师德发展究竟经过了怎样的历史进程。如果把千年师德发展的历史连成一条线的话，那么其发展过程中有几个高峰，一度发展到了什么历史高度，今天的师德发展处在什么位置？我们在深入思考这些问题时，最难的不是了解师德发展的历史轨迹，而是我们究竟用什么样的观察视角去分析这些问题。要真正理解这些问题，我们面临的第一个基本问题就是思想方法、观察视界需要"升维"，就是真正做到"升维鸟瞰"。

> 一个人遇到好老师是人生的幸运，
> 一个学校拥有好老师是学校的光荣，
> 一个民族源源不断涌现出一批又一批好老师则是民族的希望。
>
> ——习近平

一、教师和师德的源头

要真正做好师德发展的千年回望，需要从卷帙浩繁的史料当中提出一个作为切入点的问题。我们可以这样表达：人类最早的老师是谁？人类最早的老师能不能说清楚？最早的老师的师德素养是什么样子的？我们只有把这些问题说清楚，才能把今天的师德及其源流说清楚。

（一）"教师"一词何时出现？

回顾教师发展史，"教师"一词是何时出现的？教师在历朝历代的社会角色定位如何？其真实的社会地位如何？在人民心目中，"真正的教师"是在什么时候出现的？历史上"真正的教师"的师德修养达到了什么高度？

有学者曾考证教师称"师"的最初来历，认为"我国古代大学的设立，起于西周时，我国古代学校的教师称'师'，也起于西周时"[1]。回望我国漫长的历史，在西周奴隶制的鼎盛时期，学校才真正受到一种社会的、时代性的重视。

（二）私学兴起与教师角色的历史演进

西周末期，用孔子的一句话来说，就是"礼崩乐坏"。实际上，"礼"和"乐"是为奴隶主治国所用的必要条件和工具，是为了让人们有序，让所有的人能够安定、安心地在自己的社会阶层，不要去"做乱"。孔子曾经说过："八佾舞于庭，是可忍也，孰不可忍也！"（《论语·八佾》）这是说，虽然有诸侯在自己的私家园子里举行"八佾之舞"，即"君王之舞"，是不被允许的，

---

① 杨宽:《先秦史十讲》，247 页，上海，复旦大学出版社，2006。

但是却实实在在地发生了，并继续发生着。这样看来，"礼崩乐坏"实际上象征着奴隶制的坍塌。于是，官学随之衰落，这也成了这个时期一个典型的社会现象甚至社会特征。春秋战国时期，像西周时期学在官府、高度重视学校和教师的事情实际上已经变得不可能了。官学基本上趋于"衰微"，甚至衰落了。这个时候，出现了一种很引人注目的典型的社会教育现象，即"私学"兴起。

私学的兴起实际上意味着封建社会制度下那些新兴的阶层或阶级，或者说占据了一定社会经济地位的人拥有了军队，拥有了自己的武装力量。这个新兴阶层或阶级的人急需给自己的子弟创造一种在他们看来是好的、与本阶层或阶级的经济地位相适配的、有保障的教育，以便更好地、更加彻底地推翻奴隶制，不仅从武力上，而且从政治上、思想意识上、行为方式上、人才力量上都逐渐地占据统治地位。这个新兴的社会阶层或阶级的人需要自己认可的、为本阶级及其子弟受到良好的教育服务的新型教师。如此一来，教师的时代定义及其社会角色就发生了历史性的演进。

私学兴起以后，"百家争鸣"的局面出现了。社会上出现了这样一种新的现象，即一个人有什么样的思想、认识、观点和想法，都可以自由地发表出来。在西周奴隶制鼎盛时期，一个人有自己的思想观点和想法，显然不能自由地发表。而在私学中，教师可以自由地讲学，发表自己的思想观点，展示自己的生活方式、做人做事的行为习惯。这就给了教师巨大的自由发挥的空间。

二、师德的历史高位

在秦朝统一的过程中，秦始皇发现包括教师在内的知识分子们到处游方讲学，到处自由发表他们的思想观点影响学生、影响社会。在秦始皇看来，这严重影响了他的皇权统治和社会安定。对秦始皇而言，他在推翻奴隶制时，希望自己有好的师父、优秀的教师；当推翻了奴隶制之后，他又需要社会安定，需要封建统治长治久安。这就是封建王朝中的一种新的社会现象，即"民可使由之，不可使知之"。（《论语·泰伯》）于是，秦始皇制造了史上有名的"焚书坑儒"[1]事件。

到了汉朝，汉武帝接受了董仲舒的建议，即"罢黜百家，独尊儒术"[2]，并吸取了前车之鉴，把"师"和"君"并提。"天地君亲师"[3]的提法颇为流行。

可见，西周时期，学在官府，学和师"均"受到高度重视。到了春秋战国时期，社会动荡，

---

① 据《史记》记载，始皇帝嬴政灭六国之后，即刻采取手段加强中央集权。公元前213年，秦始皇于都城咸阳与众文武大臣及儒生大摆盛宴。不想在宴会上，以博士生淳于越为首的儒生们主张恢复商周之时的分封制，而丞相李斯等朝中大臣则表示反对，他们赞同郡县制，并指责淳于越等人"道古以害今"，遂联络众朝中大臣向始皇帝进献《谏逐客书》，大力批判儒生的争辩不识时务，并建议给予儒生惩处以及焚毁书籍。侯生与卢生等儒生则咒骂了秦始皇。始皇闻讯大怒，遂下令把诸生集中于咸阳，交给御史审查讯问，并亲自圈定儒生460余人，悉数坑杀，将儒家著作焚毁。这即是史上颇有影响的"焚书坑儒"事件。

② 《汉书·董仲舒传》记载董仲舒提议的原话为"推明孔氏，抑黜百家"。《汉书·武帝纪赞》记载汉武帝的做法是"罢黜百家，表章六经"。

③ 史考发现，"天地君亲师"思想发端于《国语》，形成于《荀子》，在西汉思想界和学术界颇为流行。明朝后期以来，崇奉"天地君亲师"更在民间广为流行。钱穆曾指出："天地君亲师五字，始见荀子书中。此下两千年，五字深入人心，常挂口头。其在中国文化、中国人生中之意义价值之重大，自可想象。""天地君亲师"作为中国儒家祭祀的对象，为古代祭天地、祭祖、祭圣贤的民间祭祀的综合，也是传统敬天法祖、孝亲顺长、忠君爱国、尊师重教的价值观念取向。祭天地源于自然崇拜，中国古代以天为至高神，认为天主宰一切，以地配天，化育万物。祭天地有顺服天意、感谢造化之意。祭祀君王源于君权神授观念。由于在封建社会，君王是国家的象征，因此祭祀君王也有祈求国泰民安之意。祭亲也就是祭祖，由原始的祖先崇拜发展而来。"天地君亲师"是传统社会中伦理道德的合法性和合理性的依据，对民众的物质生活和精神生活各方面都产生巨大影响。

政体土崩瓦解，教师伴随着官学"衰微"了。与此同时，私学兴起，出现了孔子等大家"周游列国"①的社会现象。学者、教师可以到处讲学。但是，不是谁都可以随便讲学的。特别是在奴隶社会和封建社会，只要是强盛的政体和稳定的社会政治制度，都有思想文化上的规范、要求和规矩，统治者是不允许任何人越雷池的。

教师的专业地位在不同的历史时期是低还是高，这要看政治和经济的发展状况。教师地位高时，一般是和政治权利捆绑在一起的，是和皇权与王权捆绑在一起的。所以，"天地君亲师"是在奴隶社会和封建社会的鼎盛时期出现的。"一日为师，终身为父"是有历史渊源的，是对教师职业及其社会地位的尊崇。

因此，在整个民族历史上，只要是在政治、经济、社会大发展的时期，教师都是备受尊崇的。联合国教科文组织在评选世界十大文化名人时，给了孔子一个定义性的评价，其中最关键的一个评价是他创立了私学。孔子的伟大在于，在官学衰微时，大家都想让自己的子弟受教育，却没有办法。他创办了私学，让不同阶级的子弟"有教无类"②地受到了教育。孔子有言："自行束脩以上，吾未尝无诲焉。"（《论语·述而》）后来，这种"有教无类""因材施教"的思想渐渐融进了我们中华民族的文化血液，深入人心。

三、师德之德必配位

至此，我们把历史线索透视性地梳理一遍，这对后面分析师德的千年流向具有基础性的意义。

既然社会给教师那么高的地位，那么教师自然就要对自己的道德修养提出更高的要求，德行要与其社会地位相匹配。如果"德不配位"，按《周易》来看，那就要出现"悔吝"。试想，社会已经把教师放到了如此高的地位，那教师的道德水平就不可能不受到全社会的关注。这是不能不深思的问题。

《汉书·郊祀志》中有这样一段话："周公相成王，王道大洽，制礼作乐，天子曰明堂辟雍，诸侯曰泮宫。"泮宫，后泛指学宫，杨炯在《少室山少姨庙碑》里说："辟雍所以行其礼，泮宫所以辨其教。"《诗·鲁颂·泮水》曰："思乐泮水，薄采其芹……穆穆鲁侯，敬明其德。敬慎威仪，维民之则。"这生动地描绘了学校和教师的威仪及盛况。

谈到封建时代的教师和师德，我们主要比较了秦王朝和西汉王朝的做法和现象。在史实比较中，我们发现秦始皇对教师和知识分子采取了"焚书坑儒"的高压手段，民怨沸腾，加速了秦王朝的灭亡。秦王朝的军力尽管十分强盛，但仍然无法挽救灭亡的命运。汉武帝吸取了秦始皇的经验教训，采取了"罢黜百家，独尊儒术"的策略，实际上起到了思想凝聚和思想控制的作用，其中知识分子和教师发挥了教化人民、宣导社会风气的积极作用。在封建时代，皇帝的老师一般

---

① 晚年，孔子带着他的若干得意弟子，用了十几年的时间在鲁国周边游历，推行自己的政治主张。后指走遍各地。

② 有教无类，语出《论语·卫灵公》。原文为："子曰：'有教无类。'"其意思一指不分贵贱贤愚，对各类人都可以进行教育；二指人原本是"有类"的，如有的智、有的愚、有的孝顺、有的不孝，但通过教育可以消除这些差别。孔子在中国历史上第一个提出"有教无类"的办学口号，宣告教育不再是贵族的专利。

被称为"帝师"，但文献上没有严格的定义，只是有这样一种说法。另有"太子太师""太子太傅""太子太保"等辅导太子。从封建皇帝的帝师到太子的老师，实际上对教师及其师德水平要求都很高，要求"教师"不仅注重知识，而且注重道德、人格修养，师德为先。

四、走向师德至尊

为什么师德这么重要？那是因为历代皇帝设置和选择老师的时候，就对老师有着明确的、特殊的期待。"帝师""太子太师"的使命特别重要，不仅要教学生知识，而且要教他们做人、成人，要教他们怎样做一个好皇帝。从这个角度来看，我们当代的教育一度缺少了对"德""师德"的战略性重视和强调。有些地方和学校一度单纯注重知识教学，片面追求升学率，陷入应试教育的误区和怪圈。党的十八大以来，以习近平同志为核心的党中央高度重视社会主义核心价值观教育，高度重视德育、思想政治理论课教学、师德师风建设，要求全社会都来回答"培养什么人，怎样培养人，为谁培养人"这一根本问题，鲜明地提出"立德树人是教育的根本任务"。社会上出现了"立德树人担使命，不忘初心正师风"的喜人景象。

从历史比较的角度看，在封建社会发展的强盛时期，封建主十分重视教师地位，强调师德至上：办学兴教贵在"做人"，对下一代的教育都是以"德"见长，即所谓"大学之道，在明明德，在亲民，在止于至善"。今天，全党全社会努力提高教师政治地位、社会地位、职业地位，并把师德师风建设摆在首要位置，强调"立德树人是教育的根本任务"。2021年4月19日，习近平总书记在清华大学考察时强调："教师要成为大先生，做学生为学、为事、为人的示范，促进学生成长为全面发展的人。要研究真问题，着眼世界学术前沿和国家重大需求。"2014年9月9日，习近平总书记在同北京师范大学师生代表座谈时指出："一个优秀的老师，应该是'德师'和'人师'的统一，既要善于'授业''解惑'，更要以'传道'为责任和使命。好老师心中要有国家和民族，要明确意识到肩负的国家使命和社会责任。""大师，既是学问之师，又是品行之师。"

第二节　史上师德的大师形象

一、师德因大师而崇高

（一）古代师德之大师代表

孔子被尊奉为"天纵之圣""天之木铎"，被后世尊称为"圣人""至圣先师""万世师表"。现在，不光在中国，甚至在越南、韩国等国家也能看到这样的情形：对孔子特别尊崇。当代，孔子被联合国教科文组织列为世界十大文化名人之首。联合国有一个"孔子文化节"，每次盛典都十分壮观。我们在国外一些重要的门户网站上也能够看到有两位"师者"经常出现在显要位置，这就是孔子和老子。

前面提到了董仲舒向汉武帝进献"罢黜百家，独尊儒术"的治国之策。那么，董仲舒的地位如何？他在历史上的地位也是相当高的，他也是一位老师，只是他不像孔子那样给平民施教，而是在官府施教。

（二）近现代师德之大师代表

1. 陶行知

说到陶行知及其师德修养，我们看到的不光是他业务上的高深造诣，更重要的是他的德行、修养、境界。毛泽东对他有一个评价："伟大的人民教育家。"

陶行知的一个伟大之处在于，他把杜威及其教育哲学思想引入中国。杜威对近现代人类的教育有着深远的影响。他改造了近现代教育哲学，提倡"儿童中心""经验中心""活动中心"。陶行知请杜威到中国做了几次重要的演讲，并引进了杜威的"生活教育"思想。他不光给近代人传递了进步的知识，还把杜威教育哲学的思想理论、先进的教育理念、德行、人格魅力传递给了近现代广大中国教育者。

可以说，陶行知开始了近现代中国教育的改造，为中华民族近现代普及教育做出了贡献，实现了"教学做合一"。陶行知甚至把自己的名字也给改了，由原来的"陶知行"改成了后来的"陶行知"，即强调知要以行为始。陶行知的伟大之处还在于他鲜明地确立了"人生为一大事来"。围绕这件大事，他发表了许多教育论述和言论，如让教育回归社会生活，回归儿童的生活体验，爱满天下。他不仅是这样讲的，也是这样做的。

2. 蔡元培

蔡元培先生是中华民国首任教育总长，担任过北京大学校长。他革新北京大学，开学术与自由之风的先河，为致力于改革封建教育奠定了思想理论基础。毛泽东说他是"学界泰斗，人世楷模"。蔡元培有很多论述和言论，其中有一句话值得我们反复思考："要有良好的社会，必先有良好的个人，要有良好的个人，就要先有良好的教育。"要有良好的教育，就要有良好的教师。教师不仅要有专业知识和技能，而且要有高尚的师德修养。

陶行知和蔡元培不仅注重内修、己立，而且自觉地去改造旧世界，带领学生一道奋力建设新世界。这两位大师的伟大之处还在于在当时许多人没有了方向感，不知道该怎么干了，这两个人作为教师，勇立潮头，敢为人先。他们都是以高深的专业造诣和高尚的师德修养征服人心的。

这两位大师身上最凸显的是"教书育人"。他们做了许多有创造性的探索工作，他们所注重的和践行的教书育人理念正好和党的十八大以来所倡导的"把立德树人作为教育的根本任务"具有内在的一致性。在那样一个时代就能如此高瞻远瞩，着实令我们肃然起敬。

二、大师身上的师德品色

孔子的道德价值观体系始终以"人"和"仁"为中心，即"仁者爱人"，而且他把这一价值观体系进行了时代性的应用和推广。毋庸置疑的是，孔子是我国古代第一个大规模开办私学的教育家，他让普通民众的子弟有机会接受教育，这是一种时代的进步。

> 📖 **知识卡**
>
> 　　孔子讲学的地方——杏坛，是一个开放性的生态体验场所，想听课的人随时可以过来坐下听课。有一幅浮雕浓缩了杏坛的生态体验场景：孔子讲学有时不是在房子里，不是在草棚下，而是在广场上、草坪上、树林里。孔子的教学理念、实践模式和生态场景，与封闭性教学完全不同。在那里，只要有"师"在，社会上的各类人都可以过来围成一圈，开放性地学习体验。杏坛是一个真正意义上的"开放学府"。

　　一个特别值得注意的问题就是怎么描绘孔子的形象。历代关于孔子的形象和评论很多，特别是 20 世纪 80 年代以后，评论差异越来越大。有一次我们在一个地方看到了一组群雕，其中有一个是孔子，发现跟我们往常看到的孔子形象不一样。过去看到的孔子像总是躬身合十站立的姿势，但是，这组群雕却是一个刚健有为、勇毅的形象。这组群雕反映了孔子的另一个形象。试想一下，孔子带着弟子们周游列国，遇到了那么多艰难险阻，却能够最终平安、胜利归来，那需要多大的勇气和毅力。

　　在谈论师德的时候，我们不能仅仅在行为规范意义上明确规定师德行为方式，而应从人性的深处探索一个人究竟需要具备何种品质才能成为一名老师，究竟需要具备何种优秀品质才能成为一名好老师。一位当代大师画了一幅孔子像，体现出一种善良、和善、温厚之美。我们认为，把上面说的两种形象合起来，才是孔子真正的、客观的生命实态。如果我们只看到一种形象，而没看到另一种形象，那么我们的了解就比较片面了。换句话说，在孔子身上体现出来的师德是多方面的、立体的，注重自我修养的、臻于崇高的。

三、孔子师德的崇高性、伟大性

　　至此，我们可以把师德的千年回望和流向做一个高维透视，以孔子为例。关于孔子的崇高性、伟大性，《全球通史》对孔子有这样的评价："比较起来最为杰出的是孔子。他的影响极度深远且持久，所以过去 2000 年间，中国人生活方式的特点可以公正地用一个词即'儒教'来表示。"[①]从某种意义上说，孔子是一位理性主义者。在人们对神秘物质心存畏惧之时，孔子用理性的光芒给人们带来了勇敢面对一切的力量。

　　深入研读作为群经之首、大道之源的《周易》，我们会对孔子的崇高性、伟大性有真切的感受。以前人们简单地将《周易》理解为一本可以用来占卜的书，人们看到书中那些具有一定神秘

---

① ［美］斯塔夫里阿诺斯：《全球通史》，吴象婴、梁赤民译，79 页，西宁，青海人民出版社，2003。

感的爻辞时，会产生一种恐惧感。但是，从更广阔的视野看，人类生存在大自然中，对人类而言，许多自然现象至今仍是一个谜，而人类可以运用科学的方法和工具不断进行探究。

当人们在未知与恐惧之间徘徊的时候，有一个人特别伟大，他为《周易》做出了一套系辞，给出了一整套理念、卦画的价值观与技术分析路径的解读。这个人就是孔子。他告诉我们，真正的人的命运在于"德行"，在于一个人的道德与人格修行。能不能修养出高尚的品德，这才是决定一个人命运的关键。

孔子主张"未知生，焉知死"。孔子以德为纲，注说《周易》，给人类指明了生命体验的方向和正确的生活方式。孔子注说的《周易》，让人感觉到了希望和力量，像黑暗的山洞里射进来的一束阳光。翻阅史籍，我们发现，孔子的教导和他个人的品格是一致的。这些大都记录在了《论语》一书中，这本书字里行间都能显示出孔子"智者""迷人"的个性：智慧又仁爱。

从一定意义上说，必须在历史长河中才能看清楚师德的千年回望与流向，才能感悟到孔子的崇高性和伟大性。升维到了这个高度，我们有必要再回到《周易》的话语系统来看，孔子作为一位老师却如此伟大，一定程度上是因为他在解读《周易》的时候建构了一套独特的话语体系。其实大师之作都有自己的话语系统。我们读了孔子解读的《周易》后，发现在卦名、卦画之外，还有卦辞和爻辞，亦有《象传》《象传》《文言》等。孔子五十之后干什么呢？子曰："加我数年，五十以学《易》，可以无大过矣。"（《论语·述而》）有些学生当时都不理解这件事，责难他怎么天天"玩"《周易》。按照现在的话说，孔子当时是这样解释的：上古有言，我现在读《周易》，注释《周易》，我要让世人知道，是刚者至柔，柔者至刚。即要让过于刚强的人知道，你还要柔顺一点，你还要温柔一点；让过于柔顺的人要知道，你还要刚强一点。这样你才能平安顺遂地立于人世，才能更好把握自己的命运。仔细品味孔子说的话，他说让刚者、那种很勇毅的人要柔一点，让过分柔顺的人知道"天行健，君子以自强不息"的道理。这是人生的辩证法、立身行世的辩证法，也是一种师德修养的辩证法。这刚好与本节前面关于孔子形象的图景叙事相互呼应。

我们看到，《周易·系辞下》中有这样一句话："作易者其有忧患乎？"孔子进一步解释危险是由安逸转化而来的："危者，安其位者也。亡者，保其存者也。乱者，有其治者也。""是故君子安而不忘危，存而不忘亡，治而不忘乱，是以身安而国家可保也。"当我们真正地读懂、体认了这段话的辩证法之后，我们就知道为什么孔子认为注释《周易》如此重要了。细品"生于忧患，死于安乐"这句话，放在德的高度，死亡是一件小事吗？死亡是人类一件极其重大的事情。我们知道，过去守丧必须守三年。在孔子之前，人们在父母去世以后有很多繁文缛节，且破费特别大，有些家庭都承受不了。但是，到孔子那里，他给人们立了一个关于丧葬的新的基本标准，是什么呢？是移风易俗。我们发现，移风易俗是孔子给人类做的又一个重要的突破性贡献。

孔子大胆超越传统的祭祀和守孝习俗，这也是很伟大的。他说，我们对父母的祭祀和守丧只要做到诚心就行，只要在世时真心孝敬就行，不需在父母去世之后再去花那么多的钱，搞那么大的排场。他认为，如果心不在父母身上，他们活在世上时，不好好孝敬他们，等到死了又要去花那么多的钱干什么呢？是要给谁看呢？这是多么伟大的力量！这样看来，经过孔子注解之后，《周易》就是让人面对所有人群的时候，面对大自然的时候，要有德行，要知道尊重别人、敬畏大自然，当然自己也要自强不息。由此观之，孔子身上所展现出来的师德的崇高性和伟大性可见一斑。

第三节　师德境界及其修养

一、《周易》：师德之"德"的基因源头

举一个例子。《周易》阐发命运天机的文辞，我们认为有六条，在这里，我们只讲其中的三条。

第一条："积善之家必有余庆，积不善之家必有余殃。"

第二条："天行健，君子以自强不息。"

第三条："善不积不足以成名，恶不积不足以灭身。"

作为一名教师，我们用心体会，这三条以"德"为基因源头的"命运天机"，完全可以作为座右铭来随时检点我们自己的德行修养和言行表现。

要真正读懂《周易》，还要读孔子的《论语》，读老子的《道德经》。我们把这几本书连起来读通、读懂、读透后，才会豁然开朗，原来这其中说的每一句话都包含着相似的人生辩证法、生命辩证法、师德辩证法。

《周易》作为大道之源，是中华典籍的群经之首，包含着深邃的哲学智慧。我们通过对《周易》进行解读发现，它讲的最核心的是德。整个《周易》六十四卦的卦画、爻辞里面最核心的内容体系和价值中枢及其"六大天机"都是德。

从整个中华民族历史和人类文明史双向梳理下来，我们会进一步发现，师德是至尊的。康德当年在谈到"审美"的时候，对美给出的几个最高标准，首先是体现在教师和牧师等身上的那种德行之美、德性之光。我们年轻时可能读不懂康德，当到了一定年龄、有了一定的生命阅历后，才似乎慢慢读懂了，康德把牧师和教师之美归于"最高度"的"审美意象"，是"美的理想"。[1]那是为什么？因为他身上闪光的美恰恰是他的德行修养之美，是"理念"之美与"感性形象"之美深度融合的"审美意象"。[2]现在，进一步高度聚焦和纵深透视，我们就能理解《周易》中的立德、立人标准了。

---

[1]　[德]伊曼努尔·康德：《康德三大批判：判断力批判》（上、下卷），邓晓芒译，北京，人民出版社，2002。

[2]　[德]伊曼努尔·康德：《康德三大批判：判断力批判》（上、下卷），邓晓芒译，北京，人民出版社，2002。

二、"大师"之德：臻于师德艺境

历史长河中的教师灿若繁星，在我们心中留下深刻印象的，可以说是以孔子为代表的这样一些教师代表，他们在我们心中上升为"大师"。为什么多年以后，我们仍然忘不了他们，而且处处要以他们为我们做人、做事的榜样呢？那是因为他们的师德代表着师德的核心、师德的方向、师德的境界，让我们发自内心地体认、尊崇。

（一）师德艺境之生命意涵

我们将大师的师德修养境界概括为师德艺境。师德艺境的内涵十分丰富，主要包括以下几层内涵：第一层是"敬德修业"；第二层是"人文情怀"；第三层是"思想光芒"。

孔子很讲仁爱。比如，马厩起火，他没有先去问损失了多少财产，而是先问人怎么样了。周游列国时，他的车子走到马路上，几个小朋友在路中间堆泥巴玩，堆出了一座城池。孔子的学生过去劝这些小朋友让路，结果有一个小朋友说："你见过城给车让路，还是车给城让路呀？"学生跑回来告诉孔子，孔子说："小朋友说得对，我们还是绕路走吧。"

大师、圣人的人文情怀，有着真切的现实写照。好多人遇到困难求助于孔子，他都会积极帮助解困。从孔子的书籍和言论中，我们能够看到有给君王的建议，如该怎么治理国家；有给普通民众的建议，如教他们怎么生活、怎么孝敬父母、怎么交往；还有在社会和家庭生活中，人们该怎么使用音乐，该怎么跳舞列阵等。孔子平时讲课知识渊博、左右逢源却又很谦和，他的学生对他由衷地尊崇。

孔子创立了"儒家"思想，形成"儒家学派"，甚至流衍化生为"儒教"，其"仁、义、礼、智、信"等思想内核和博大精深的思想体系，对中华民族的千年血脉赓续、文化基因传承，发挥不可磨灭的奠基价值，闪耀出思想光芒。

（二）孔子的师德艺境

▶ 生命叙事 1-2

孔子的师德境界

有一次，孔子的一个学生在外面跟人打赌、争吵，那个人蛮不讲理，两人就请孔子来做裁判。等那个人走之后，这个学生觉得很委屈，说："老师你怎么拉偏架？明明他错了，你却说他是对的。"孔子说：在日常社会生活中，追求真理、理越辩越明是好事，但也要看对象，并懂得谦让。"三季虫见不到冬天，你给它讲冬天他怎么能听懂呢？"

一个人注重自己的修养不是为了给别人看，也不是为了跟别人做无谓争论。如果跟一个"三季人"就冬天争高低，是不可能取胜的，所以要不断提高自身修养，多跟高能的人、德行修养高的人在一起切磋，相互促进，共成君子。因为我们是有追求、有使命的人，我们的生命时光十分宝贵，没必要在那些无谓的事情和人身上多费口舌。孔子说："益者三友，损者三友。"（《论语·季氏》）我们真正读懂孔子的伦理思想和他的德行修养后，就会发现，好多我们解释不了的问题，在他那里都被解释清楚了。

大师的师德修养是一种至境，达到了"高山仰止，景行行止"的境界。司马迁在《史记·孔子世家》里称颂道：

> "太史公曰：《诗》有之：高山仰止，景行行止。虽不能至，然心向往之。余读孔氏书，想见其为人。适鲁，观仲尼庙堂，车服礼器，诸生以时习礼其家，余祇回留之不能去云。天下君王至于贤人众矣，当时则荣，没则已焉。孔子布衣，传十余世，学者宗之。自天子王侯以至于庶人，中国言《六艺》者折中于夫子，可谓至圣矣！"

从这一段简洁生动的描述中，我们不难领悟到，虽然孔子是布衣出身，但是他的学识、道德、人格和思想却能够流传多世，人们都很尊敬他。这样看来，孔子的师德修养是一种至境。

我们可以把"受欢迎、受尊敬"看作师德修养的一个外显标识。在中华民族演进史中，孔子被人们尊奉为"圣人"。老子在《道德经》中深刻阐述道："圣人处无为之事，行不言之教，万物作焉而不辞，生而不有，为而不恃，功成而弗居。夫为弗居，是以不去。""圣人之道，为而不争。""夫唯不争，故天下莫能与之争。"孔子"有教无类""因材施教"和"诲人不倦"等大爱情怀和仁爱之心以及谆谆教诲之行，实乃至圣先师、圣人之德。

三、师德修养的"尺度"

要做一名好教师，就要做到"正心为先，修身为要"。

（一）仰之弥高，钻之弥坚：师德修养的专业尺度

在授课、进行科学研究之时，在与人交往之时，教师讲的话、写的文字、表达的观点、传达的理念和实践模式等都要有先进的思想内涵。高尚的师德凝结着丰富的思想与实践智慧，这就是重要的专业尺度。一位师德高尚的教师，无论在何种情形下，都能够充分借助人类的思想库，凭借高维的智慧帮助人们解决当下面对的疑难现实问题。

（二）敏行讷言，行无言之教：师德修养的人格尺度

如果一个人能够真心实意地帮助他人，不挂怀，不计较回报，那么，若干年之后，许多曾被他帮助过的人便会不由自主地回报于他。如果一个人"行无言之教"，给他人默默地树立了做人、做事的榜样，影响他人更好地学习、工作和生活，那么，即便他自己并不期待获得任何回报，但是结果却总会出人意料。因此，正如"结草衔环"这个典故所描述的那样，在这个看似广袤无垠的世界里，那些曾被帮助、影响的人都会不约而同地以某种形式回报那位曾经影响、改变他们

的人。如此看来，作为具有专业修养的教师而言，当他讷言敏行、行无言之教的时候，他的师德修养已经处于一种较高的能量层级，这就演变为师德修养的人格尺度了。

（三）己立立人：师德修养的理想尺度

中华优秀传统文化中有不少经典的论述发人深省，震撼心灵，例如，"故学至乎礼而止矣。夫是之谓道德之极……君子之学也，入乎耳，着乎心，布乎四体，形乎动静。"（《劝学》）"古之学者为己，今之学者为人。"（《论语·宪问》）这些经典之论都阐明了一个道理，即每一位教师先要立己，然后才能够立人。当代教育慈善家田家炳先生在世期间做了很多好事，但他说的并不多，他最欣赏和多次引用、分享的一句话就是"己立立人"。

教师要想科学有效地帮助学生和其他人，自己首先要有内涵，有品质，有文化知识，有人格修养境界。否则，如果自己的思想观念是落后的、腐朽的，文化知识是迟滞的、偏颇的、狭隘的，甚至是错误的，能力不够专业，那么表面看他是在帮别人，结果却是给人帮了倒忙。所以教师要学会己立立人，做一名"道德教师"[①]，先让自己专业起来、高尚起来、强大起来。

【关键词图示】

请提炼出本章的关键词，并选择一两个关键词进行阐释，或用实例分析并将关键词绘制成思维导图。

【理性思考】

1. 何谓教师？

2. 请完成十个"教师是……"的句子。

【推荐读物】

中共中央宣传部. 习近平新时代中国特色社会主义思想学习纲要 [M]. 北京：学习出版社，人民出版社，2019.

---

① 刘惊铎：《新世纪的教师要成为道德教师》，载《中国教育报》，2007-02-15。

第二章

师德对教师生命成长的价值

【核心观点】

★ 师德是教师专业性的内在要求。

★ 师德是教师职场的行动指南。

★ 师德是教师职场发展的动力，是教师安身立命的根本。

第一节 师德：教师专业的内在要求

2012 年，国务院印发的《国务院关于加强教师队伍建设的意见》提出："将师德建设作为学校工作考核和办学质量评估的重要指标，把师德表现作为教师资格定期注册、业绩考核、职称评审、岗位聘用、评优奖励的首要内容，对教师实行师德表现一票否决制。"

国家为什么这么重视师德？为什么要在中小学实行师德"一票否决制"？

一、师德：教师专业的重要构成

▶ 生命叙事 2-1

师德在《小学教师专业标准（试行）》中的"位置"

2010 年，我们有幸承担了教育部《小学教师专业标准（试行）》研制任务。如何确定专业标准的基本理念、框架成为研制工作的重要内容。在研制过程中，我们以《中华人民共和国教师法》《中华人民共和国义务教育法》《儿童权利公约》《国家中长期教育改革和发展规划纲要（2010—2020 年）》等法律法规和教育政策为依据，借鉴多国教师专业标准的共性以及初等教育理论研究成果，广泛征求教育专家、学者、一线校长、教师的意见，提出了"师德为先、学生为本、能力为重、终身学习"的基本理念，形成了"专业理念与师德、专业知识、专业能力"三大维度。这是教育界对教师所应具备的专业素质的共识。师德是教师专业的重要构成部分。

🔍 叙事之问　　什么样的小学教师才是合格的小学教师？

其他国家的教师专业标准对师德有要求吗？

在《小学教师专业标准（试行）》中，师德处于何种位置？

💡 叙事之思　　什么样的小学教师才是合格的小学教师？相信从事小学教育之人、关心小学教育之人、接受小学教育之人，都会思考这个问题，并会有各自的理解。对于这个问题，不同人站在不同立场，会不同的答案。

20 世纪 80 年代以来，为促进教师专业发展，提高教育教学质量，推动教师专业化的进程，世界许多国家纷纷研制并实施了一系列教师专业标准，从专业的角度明确了对合格教师的要求。其中，师德是教师专业标准的一项重要构成内容。

有学者对美国、英国、澳大利亚、法国、日本、新西兰等国家的教师专业标准进行比较研究，发现"理解学生的不同需求、尊重学生的不同文化背景、以学生为中心、创造多元的学习机会、为学生的成长与发展提供支持与服务，成为各国和地区教师专业标准中的重要内容"①。这些内容都体现了教师专业对师德的要求。教师要理解学生，尊重学生，以学生为中心，为学生成长服务，这是教师专业性的体现，是教师职业道德的要求。

> **📖 资料卡片**
>
> 对全体学生都具有很高的期望值；
>
> 全力帮助学生开发其全部的学习潜力；
>
> 与学生建立平等、互敬、互信、互相支持的建设性关系。
>
> ——英国教师专业标准之"专业品质"范畴与"儿童和青少年的关系"领域

2012年2月10日，教育部颁布了幼儿园、小学、中学教师专业标准，规定了合格教师的基本要求。《小学教师专业标准（试行）》对合格小学教师的界定是"小学教师是履行小学教育教学工作职责的专业人员，需要经过严格的培养与培训，具有良好的职业道德，掌握系统的专业知识和专业技能"。

> **📖 资料卡片**
>
> 《小学教师专业标准（试行）》是国家对合格小学教师专业素质的基本要求，是小学教师实施教育教学行为的基本规范，是引领小学教师专业发展的基本准则，是小学教师培养、准入、培训、考核等工作的重要依据。
>
> 《小学教师专业标准（试行）》由前言、基本理念、基本内容、实施建议四部分组成。其中，前言主要是制定本标准的依据与定位，基本理念提出四个词"十六个字"，基本内容包括三个维度、十三个领域、六十条基本要求，实施建议主要针对各级教育行政部门开展小学教师队伍建设、小学教师教育院校培养培训小学教师、小学对教师管理、小学教师自身专业发展四方面。

二、师德为先：教师专业标准对教师的要求

我国《小学教师专业标准（试行）》规定合格小学教师要以师德为先。那么，师德为先的内容包括哪些方面呢？

一是站在社会职业的立场，强调师德体现为对教育事业的热爱，对社会主义核心价值观的

---

① 周文叶、崔允漷：《何为教师之专业：教师专业标准比较的视角》，载《全球教育展望》，2012（4）。

践行，对职业道德的履行和依法执教。

二是站在学生的立场，强调师德体现为对小学生的关爱，对小学生人格的尊重，自身富有爱心、责任心、耐心和细心。

三是站在教师角色的立场，强调师德体现为教师本人自尊自律、为人师表、教书育人，强调师德落脚于做小学生健康成长的指导者和引路人。

📖 **资料卡片**

师德为先

热爱小学教育事业，具有职业理想，践行社会主义核心价值体系，履行教师职业道德规范，依法执教。关爱小学生，尊重小学生人格，富有爱心、责任心、耐心和细心；为人师表，教书育人，自尊自律，做小学生健康成长的指导者和引路人。

——《小学教师专业标准（试行）》之基本理念

师德为先的基本理念集中体现在《小学教师专业标准（试行）》第一个维度"专业理念与师德"中。这一维度有职业理解与认识、对小学生的态度与行为、教育教学的态度与行为、个人修养与行为四个领域，共十九条基本要求。这十九条基本要求并没有分列哪些属于师德，哪些属于专业理念，而是在四个领域均有体现，并将师德要求具体化。

"职业理解与认识"领域有五条基本要求，均是师德内容，主要体现了《中小学教师职业道德规范》中"爱国守法""爱岗敬业""为人师表"的要求。

📖 **资料卡片**

职业理解与认识——基本要求

1. 贯彻党和国家教育方针政策，遵守教育法律法规。
2. 理解小学教育工作的意义，热爱小学教育事业，具有职业理想和敬业精神。
3. 认同小学教师的专业性和独特性，注重自身专业发展。
4. 具有良好职业道德修养，为人师表。
5. 具有团队合作精神，积极开展协作与交流。

"对小学生的态度与行为"领域有四条基本要求，体现了《中小学教师职业道德规范》中"关爱学生"的要求。

> **资料卡片**
>
> 对小学生的态度与行为——基本要求
>
> 6. 关爱小学生，重视小学生身心健康，将保护小学生生命安全放在首位。
>
> 7. 尊重小学生独立人格，维护小学生合法权益，平等对待每一位小学生。不讽刺、挖苦、歧视小学生，不体罚或变相体罚小学生。
>
> 8. 信任小学生，尊重个体差异，主动了解和满足有益于小学生身心发展的不同需求。
>
> 9. 积极创造条件，让小学生拥有快乐的学校生活。

"教育教学的态度与行为"领域有五条基本要求，体现了《中小学教师职业道德规范》中"教书育人"的要求。

> **资料卡片**
>
> 教育教学的态度与行为——基本要求
>
> 10. 树立育人为本、德育为先的理念，将小学生的知识学习、能力发展与品德养成相结合，重视小学生全面发展。
>
> 11. 尊重教育规律和小学生身心发展规律，为每一个小学生提供适合的教育。
>
> 12. 引导小学生体验学习乐趣，保护小学生的求知欲和好奇心，培养小学生的广泛兴趣、动手能力和探究精神。
>
> 13. 引导小学生学会学习，养成良好学习习惯。
>
> 14. 尊重和发挥好少先队组织的教育引导作用。

三、践行师德:《普通高等学校师范专业认证标准解读》对毕业生的要求

不仅《小学教师专业标准（试行）》对师德有明确规定，而且《普通高等学校师范专业认证标准解读》对师德也有明确规定。

《普通高等学校师范专业认证标准解读》对毕业生的要求可以概括为"一践行，三学会"，即"践行师德，学会教学，学会育人，学会发展"。其中，践行师德包括"师德规范"和"教育情怀"两部分，分别可以概括为"四有好老师"和"四个引路人"。师德规范部分强调教师要有正确的思想政治观念与情感；贯彻党的教育方针，以立德树人为己任；遵守职业道德，具有依法执教的意识；立志成为"四有好老师"。教育情怀部分强调教师要有从教意愿与专业理念、积极的情感态度、正确的价值观，争做"四个引路人"。

资料卡片

《普通高等学校师范专业认证标准解读》毕业要求之师德规范的内容

践行社会主义核心价值观，增进对中国特色社会主义的思想认同、政治认同、理论认同和情感认同。贯彻党的教育方针，以立德树人为己任。遵守中小学教师职业道德规范，具有依法执教意识，立志成为有理想信念、有道德情操、有扎实学识、有仁爱之心的好老师。

《普通高等学校师范专业认证标准解读》毕业要求之教育情怀的内容

具有从教意愿，认同教师工作的意义和专业性，具有积极的情感、端正的态度、正确的价值观。具有人文底蕴和科学精神，尊重学生人格，富有爱心、责任心、事业心，工作细心、耐心，做学生锤炼品格、学习知识、创新思维、奉献祖国的引路人。

第二节　师德：教师职场的行动指南

在教师职场中，教师的生存与发展状态主要取决于教师是否能处理好教书与育人、教师与学生、个人与角色之间的关系。对教师而言，这三种关系在具体的教育情境中并非都是一致的、和谐的，时常会处在矛盾与冲突之中。师德是处理这些关系的最基本准则。

一、师德：处理好教书与育人关系的"方向盘"

教书育人是教师的天职。相信从事教师职业之人都希望完成这一使命，但并非所有教师都能顺利地完成。教书为了育人，教书是手段，育人是目的。教书强调的是事实取向、知识传授、技能训练，育人强调的是价值取向、品德培养。两者可能会存在一些矛盾、冲突，处理不好就可能出现"二分"。因此，教师必须要认真对待教书与育人，处理好两者的关系。

▶ 生命叙事　2-2

明年燕子还会来 [1]

2010 年 4 月的一天，下课铃刚响，孩子们就迫不及待地走出教室，边走边兴奋地议论着什么。小雨跑过来拉着我的手说："王老师，您和我们一起去看小燕子搭窝吧！"

北门厅外，许多孩子围在一起，仰着小脸，指着屋檐下一个还没建完的燕子窝，兴奋地说着。一个孩子说："我妈说燕子是有灵性的动物，它们在何处落脚是经过精心选择的，伤害生灵的人

---

[1] 作者为王翠荣，北京市顺义区赵全营中心小学教师。

家，它们是不会去的。它来我们学校是信任我们，我们要爱护它们呀！"孩子们纷纷点头。一个细心的小女孩说："那我们往后退退，这么多人可别吓坏了衔泥回来的燕子。"听了她的话，孩子们往后退了退。有个孩子说："小燕子搭的窝最漂亮、最结实，它们还在巢里孕育后代呢。"

在明媚的春光里，孩子们一有空就去观察小燕子搭窝。小燕子不仅被孩子们天天议论，而且出现在图画本上、手抄报中、日记里。然而，就在孩子们满怀期待地等待小燕子出生时，班级卫生委员说："这个月我们班的卫生红旗拿不到了，因为燕子窝正好在我们班的清洁区上方，每天地上都有一摊鸟粪，影响我们班的卫生分，而且也影响环境卫生。"他的话音刚落，同同马上站起来说："有这样检查卫生的吗？我们已经在上下午各增加一次打扫了，这样扣分太不公平了！""是呀，我们总不能教燕子上厕所吧！"孩子们把矛头对准了卫生委。他也挺委屈："我也没办法，有脏东西就是要扣分，这是学校的规定。"

怎么办呢？这下大家可为难了。调皮的博博说："要不把燕子窝捅下来，燕子无家可归就飞走了，清洁区干净了，咱们班就能得卫生红旗了。""不行，不行。""你也太残忍了吧！"……他的话音还没落，就招来了一片反对声。博博急了，大声嚷道："你们说该怎么办。咱们班连续几年的卫生红旗就这样丢了吗？"孩子们面面相觑，教室里一片沉默，最后一双双渴求的眼睛瞧着我。说实话，我打心眼里不赞成博博的想法。这个燕子窝已不仅仅是一个鸟窝了，它早就融入每个孩子的心里了。如果同意捣毁它，小燕子失去了自己的家，会给孩子们的心灵造成怎样的伤害，我不敢想象。可是，由燕窝带来的卫生问题又不能不解决，我也苦苦思索着……过了很久，班长迪迪说："如果在燕窝下面放一张纸，鸟粪掉在纸上，脏了就换一张。"博博这下来了劲："对，再用几颗小石子压住边，不让风把纸吹跑。""这项任务我包了！""算我一个！""还有我！"问题解决了，教室又热闹起来了。

每天一下课，不少孩子抢着来到北门厅外，把脏纸拿走，换上用过的废纸。令人惊奇的是，一天燕窝下面出现了一盆花，不过花盆明显过大，而且花栽在了一侧。后来"数学大王"乐乐解开了谜团，原来他们经过观察与测算得出燕子粪便掉的位置，用花盆接着，既节约了纸张，又美化了环境。多聪明、多可爱的孩子呀！

秋天到了，天气渐渐凉了，燕子一家恋恋不舍地飞走了。孩子们望着空空的燕巢，感到一阵失落。舍不得让它们飞走呀！不知是谁小声地说："燕子，明年你一定要回来呀！"听了他的话，我感受到了他们的期盼，就满怀信心地说："它们亲身感受到了你们的爱护，明年，燕子还会来！"

💡 **叙事之问**　这是北京市顺义区赵全营中心小学王老师的生命叙事。这个故事中的矛盾冲突是什么？教师是怎么解决的？教师对教书和育人二者的关系处理得怎样？为什么？

💡 **叙事之思**　我曾与王老师所在的学校开展了持续五年的生命教育校本项目，其中一项是生命叙事培训。通过这项培训，教师们变化很大，收获很多。他们撰写的生命故事透着教育智慧。我看到这篇生命叙事时非常激动，也深深地为之感动。

这是一个非常成功的处理学校规则、集体荣誉与呵护生命之间的矛盾冲突的范例。在这个故事中，教师很好地处理了教书与育人的关系。

故事中，小学生对小动物有着浓浓的兴趣与情感，小动物成为孩子们校园生活的一部分。当出现卫生红旗问题时，孩子们的情感、小动物的命运、学校规则、集体荣誉之间发生了矛盾冲突。教师应怎么处理，是否能兼顾？这可不是一件小事，而是有深远意义的"大事"。无论怎样处理，对孩子们的价值观、解决问题的能力等都有潜移默化的影响。

这个故事充分体现了教师的育人智慧。第一，她了解孩子们对小燕子的情感，知道燕窝对孩子们的价值。第二，面对问题，不是自己独断，而是放手让学生讨论解决方案。第三，当学生给出的解决方案是牺牲燕窝、保住卫生红旗时，她并没有认同，她顾及的是燕窝对孩子们的意义。第四，她充分相信学生，发挥学生的主动性，使矛盾得以化解，问题得到解决。第五，当小燕子离开时，面对孩子们的失落情绪，她能给出充满期待与希望的回应。第六，她有关爱生命之德，才使得问题得到圆满解决。

> **师德"智慧"**
>
> 生命为先，其他次之。
> 成长为先，其他次之。

▶ 生命叙事　2-3

掉在地上的书怎么没有人捡起 [①]

我们教室有一个图书角，同学们都非常喜欢。每逢课间，他们就来到这里，享受阅读的乐趣。每每看到这样的情境，我都会感到很欣慰。

一天，伴着清脆的上课铃声，我走进教室。恰在此时，一阵风猛地从窗外吹进来，书架上摆放整齐的图书被吹得"啪啪啪"掉在了地上。见此情景，好几个孩子立刻一拥而上去捡掉在地上的书。为了保证正常上课，我立刻制止，并下令让他们回到座位。孩子们陆续起身回去了，只有小宇同学好像没有听到我说的话一样，仍旧一个劲儿地低头捡书。于是，我不耐烦地又说："回到座位，现在已经上课了！"而他却不理不睬，依然陶醉在捡书的"乐趣"中。于是，我大声地嚷道："让你回到座位！听到没有？"小宇终于起身，轻轻地把捡起的一本书小心地放到书架上，看着还在地上"躺着"的书，不情愿地回到了自己的座位。

———————————

① 作者为韩海梅，中国科学院附属玉泉小学教师。

　　我回到讲台中间，严肃地发令："上课铃声就是命令，上课铃一响，就要安静地等待老师来上课，其他一切与上课无关的事情一概都不许做！"

　　这件事很快过去了，班里各方面一如往昔。唯一不同的是，再有图书"躺"在地上时，很少有人问津了。早春的风吹过脸庞，让我不禁感到一丝凉意，难道是我错了？难道是我不够了解孩子们？难道这种表面的风平浪静却隐藏着暗流？我茫然了……

　　没过多久，这样的事情再一次发生了，像电影一样，还是那样的风扰乱了教室的平静，还是在上课伊始，图书角的书被吹落到地上。孩子们你看着我，我看着你，没有人去捡。我顿时怒了，大声训斥："我怎么会教出你们这样冷漠的学生？"

　　…… ……

　　那天晚上，我失眠了……

叙事之问　　在这个故事中，原本热情的学生为什么会变得"冷漠"？在这一转变的过程中，教师起到了怎样的作用？教师意识到了吗？教师的作用是怎样实现的？

叙事之思　　这是一位小学老师撰写的故事，是我主持的田家炳基金会生命教育项目在实验学校开展生命叙事培训时老师提供的作品。这个故事描述了图书角的书两次被风吹落的不同"命运"及教师与学生在这个过程中的言行，揭示了小学生品德行为养成与小学教师导向之间的密切关系，让我们看到了小学教师的言行对小学生的影响非常大。这是值得小学教师高度关注的。这个故事也表明了这位小学教师有教育反思力。

　　小学教师教学行为的目标指向是帮助小学生养成良好品德和行为习惯，为小学生一生健康成长奠基。那么，小学教师如何实现这一目标呢？途径有很多，其中一个重要的途径是用言行引导小学生成长。这个故事给了我们一个"反例"，通过两个场景的对比描写，揭示了教师的言行是怎样发生作用的以及教师没有正确处理教书与育人的关系，忽视了或没有意识到教师只注重知识学习的言行会给学生带来怎样的影响。

　　在教育情境中，小学生采取的朝向"真善美"的行为，若及时获得了教师的肯定与表扬，他们的这种行为就会得到强化；再有同样或相似场景出现时，他们就可能会做出类似的行为。如果他们的行为得不到教师的肯定，或受到否定、被阻止，那么他们的这种行为很有可能在日后不再出现。尤其是在小学低年级，教师的权威直接决定了学生的行为方式。

　　小学教师应摒除知识本位，落实"以为人本"的教育理念，将儿童的健康成长作为自己教育教学的目标，提高有意检视自己教育教学观念、经验、行为的意识与能力，不断突破自我限制，扮演好小学教师的角色。

师德"智慧"

> 育人为先，其他次之。

二、师德：处理好教师与学生关系的"定海神针"

师生关系是教育的基石，直接关涉教育的状况。正如一线教师在长期的教育实践中体会到的，师生感情好，教师表扬，学生认为是鼓励；教师批评，学生认为是爱护。表扬和批评在融洽的师生关系中能成为学生前进的动力。如果师生关系紧张，对于教师的表扬，学生认为是哄人；对于教师的批评，学生认为是整人，在这里批评和表扬就成了教育的障碍。[①] 教师和学生作为教育关系中的两个群体（个体），存在这样或那样的矛盾与冲突。教师怎样才能处理好师生关系呢？这里强调师德的作用，师德是处理好师生关系的"定海神针"。

▶ 生命叙事　2-4

"学生使我成长起来"[②]

在我早年的教师生涯中，让我印象最深刻的是一位四年级的小女孩。

从前我是这么想的：我负责上课，学生负责听。上课是我的事，听课是他们的事。他们要是不听，我就应该惩罚他们。学生上课吵一次不要紧，吵两次也不要紧；但如果吵三次，我就要惩罚他们了。

一次课上，一个学生吵死了。放学时，我让他们练静坐15分钟，就是一点儿也不能动，跟国旗班一样。哪个学生动一下，就加一分钟。那个上课吵得要命的学生眼睛动了一下，我就加一分钟。我想通过这样的方式，让其他学生恨他。他们越恨他，我就越高兴。那次我让他们坐了31分钟。

当时，他们的样子很滑稽、很好笑，但我不能笑。我就躲到后面去，先笑一会儿，然后让他们走。之后，我回到办公室，把脚放在桌子上，觉得很享受。

这时，我的数学科代表在办公室门口闪了一下。我问："你干什么？"她说："作业。"我说："今天被你们吵得连作业都没来得及说，交什么作业？"她说："你看看吧，你看看吧。"然后就跑了。我把她的作业翻开，里面没有数学作业，只有一句话。这句话是这样写的："你如果能让他（上

---

① 朱小蔓等：《教育职场：教师的道德成长》，46页，北京，教育科学出版社，2004。

② 此故事来源于"千课万人"第二届核心素养下小学数学发展课堂研讨观摩会上浙江省小学数学教研员采访浙江省小学数学特级教师俞正强的发言，由北京航空航天大学附属小学范颖杰老师整理。

课很吵的孩子）忘记吵，算你厉害。"那一刻，我突然觉得自己很无聊，一个四年级的小孩都鄙视我。在我的眼里，听不听课是他们的事；但在她的眼里，她的同学不听课，不是同学的事，而是我的事。

我该怎样做才能让他们忘记吵呢？尤其是班上那个很吵的孩子，我真的拿他没办法。我希望静坐 31 分钟，大家都去贬他，都去骂他。但是并没有，大家都同情他，反而说如果我让他忘记吵算我厉害。这言外之意就是，他上课吵，是因为我课没上好。这太让我震惊了。

从那以后，上课时，有学生吵，我就想怎样才能让他们忘记吵。又上课了，怎么还没有忘记呢？又上课了，怎么还没有忘记呢？我一点点努力，慢慢地发现，上课时没人吵了。

叙事之问　　这是浙江省小学数学特级教师俞正强在一次教学观摩会上讲述的自身成长故事。在这个故事中，一名普通教师成为一名特级教师的"关节点"是什么？

叙事之思　　良好的课堂教学秩序离不开良好的师生关系。那么，怎么才能建立良好的师生关系呢？

像俞老师早期那样，为了把课堂纪律管理好，放学留下学生练静坐，师生处在对立状态。这种方法显然不行。尽管教师的本意是好的，是想让学生学好，保证学习质量；但这种做法使教师与学生处于对立状态，使得师生关系变得紧张，这就导致了师生关系中缺少了关爱。这可能就是教师高举"为了学生好"的大旗，而学生却并"不买账"的原因。

当被学生"将军"之后，俞老师开始检视自己的问题，调整自己的站位与做法。他不再将自己的教与学生的学"分家""对立"，不再用"高压"手段去"制服"学生，而是站到学生的视角去琢磨一节课的难点，注重拨动学生思维的那根"弦"，将课堂变成师生"共融场域"，这才有了师生之间的生命互动，才有了师生之爱的传递，才有了我们今天所看到的俞正强老师的课堂。可见，师德在教师的专业成长中具有极大的推动力，推动教师成长，也会检视教师的水准。[①]

> ▸ **师德"智慧"**
>
> 不要以"对等"的水平与学生"争高低"。
> 不要以"对抗"的方式"压制"学生。
> 不要自以为聪明而"小视"学生。

---

① 此段话来自北京航空航天大学附属小学范颖杰老师的感悟。

▶ 生命叙事　2-5

射线的故事 [①]

回到我曾经上过小学的校园，那一幕又清晰地在我的脑海里出现了。我永远也忘不了。

那是一堂数学课。王老师正在向同学们解释关于直线、射线和线段的几何概念。同学们都在聚精会神地听着。讲完之后，王老师问我们还有没有问题，如果有的话就提出来。我猛然想到了一个问题，觉得很好。于是，我举起了右手。

"王老师，为什么射线只有一个点而不是两个点？"我歪着头，认真地问道。提完问题之后，我感到很是自豪，期望老师能够表扬我动脑筋。整个教室一下子变得鸦雀无声。接着，我听到同学的嘘嘘声。我感到不安了，希望老师能够很快给我答案。

只见王老师的脸由晴转阴，最后变得铁青。啪！王老师突然猛地一拍桌子，大声训斥道："你为什么有两只眼睛，而不是一只眼睛？！"

全班同学顿时哄堂大笑。我被他的回答吓得目瞪口呆。眼泪在我的眼圈里打转。我不知道我是怎么坐下来的。我的耳边全都是嘲讽的声音。我忍不住趴在桌上哭了起来。

🔍 叙事之问

这个故事发生在多年前，也许现在的小学老师遇到这样的情况不会像故事中的王老师那样对待学生了，但其中的问题还是值得深思的。这个故事反映出来的是一个什么样的问题呢？故事中的"我"为什么会提这个问题？王老师听到这个问题为什么会做出那样的反应？他的反应说明了什么？

💡 叙事之思

在这个故事中，"我"突发奇想，并想要得到老师的表扬和肯定，提出了"为什么射线只有一个点而不是两个点"的问题。应该说，这是一个非常好的问题，"我"不满足于"知其然"，而是要"知其所以然"。这个问题对于王老师来说，很有可能超出了他的知识储备和能力，这可能是他"发飙"的原因所在。再有，他可能认为"我"是有意挑战他的权威，才有如此强烈的情绪的。这种做法不仅使教师失去了尊严，损害了形象，而且给学生带来了很大的伤害，还有可能"毁掉第二个陈景润"。

学生的思维是自由的，学生的本心是善的。学生给教师出难题，不是为了难倒教师，而是为了得到教师的肯定和表扬，是为了证明自己"能"与"行"。教师应能理解学生的心理，遇到学生的表现"冲撞"自己的权威、底线时，需要冷静，调控情绪，站在学生的立场处理难题。

———————————

① 此故事整理自李树英博士的博士论文。

师德"智慧"

> 遇事善为先，不做"恶"的推断。
> 善于站在学生的立场，放弃自己的偏见。

三、师德：处理好个人与角色关系的"航标灯"

教师是人，不是神，有着七情六欲，过着日常生活，因而难免不被生活所困。教师个人的兴趣爱好、理想追求，未必时时刻刻都与教师角色一致；教师个人的生活状况及其产生的情绪情感，未必都与教师角色相吻合。教师正确处理好个人与角色之间的关系非常重要。

▶ 生命叙事　2-6

我想去 [①]

从 2010 年 3 月顺义区"社会大课堂活动"启动以来，顺义区教育委员会统一组织三至六年级学生到区外进行社会实践。我作为主管领导、具体组织者，根据经验，为了保证师生安全，制定了详细的安全预案，对特异体质的学生（有心脏病、癫痫等病症的学生）不安排实践活动。

自从学校生命教育校本研修项目开展以来，我自己的思想在慢慢变化。能不能安排他们去呢？我想到了小宇，一个女孩，四（1）班学生。她眼睛斜视，走路不稳，精神发育有些迟滞，表达有些不清楚。

一天早上，我来到四（1）班教室，正好碰到她准备进教室。她依旧非常有礼貌地拉长音说道："沈——主——任——好——"我说："你好，你的书包沉不沉呀？"她未回答我。"你知道四年级社会大课堂活动要去哪儿吗？"我接着问。她不加思考地说："富国海底世界、自然博物馆。"我当时一下子就怔住了，她居然这么关注这次活动，了解得非常清楚。"你想去吗？"我激动地问她。"我想去。"她小声地带着恳求的语气说出了她的意见。"如果让你去，你高兴吗？""高兴！""你能听从老师的安排吗？""能！"她说这个字的声音明显大了许多，多了一分自信。接下来，我找她家长征求意见。家长万分高兴与激动，表达了对学校的感激之情。因为从出生到现在，她连县城都很少去。

在活动过程中，她的班主任安排了专门的老师和学生帮助她。在富国海底世界，她和同学们一起观看了美人鱼表演，看到了众多海洋动物，欣喜之情充分表露在她的脸上。在自然博物馆，她很认真地观看巨大恐龙化石展，了解动植物的成长过程，分享实践活动的喜悦。

一句"我想去"久久地在我耳边萦绕，这辈子我都忘不了。刘慧教授所著的《生命德育论》

[①]　作者为沈浩发，北京市顺义区赵全营中心小学教师。

里写道：生命道德包括三层含义，即关爱生命、感恩自然、追求生命的意义。是啊，每个人都在追求生命的意义。我很内疚，为什么第一次没有让她去，不就是怕她成为累赘吗？我现在又很欣慰，因为我决定今后的体验活动让每一个学生都参加。

叙事之问　在这个故事中，"我"为什么不安排特异体质的学生参加社会实践活动？这样做是否合适？后来，"我"为什么又安排特异体质的学生参加社会实践活动？"我"在此过程中做了一些特殊安排，这样做是否合适？

叙事之思　每个角色都有其责任。扮演任何角色，都应负起这个角色的责任。带领学生外出活动，安全是最重要的。从校长角度看，出于对学校的整体考虑，为了学校工作顺利进行，不安排特异体质学生参加活动，从某种意义上说是对工作负责的表现。但这样做忽视了特异体质学生自身的需要，忽视了他们也有参与社会实践活动的权利。若安排他们参加活动，就意味着必须付出很多心力，做出一系列的特殊安排；而且不到活动结束安全返回学校，悬着的心都不会放下。若出现意外，校长的责任就太大了。如何选择，如何行动，既考验一个人的德性，也考验其能力、智慧。

故事中的主管领导的思想观念发生了转变，从关注工作转向关注学生个体生命需要。在实际工作中，主管领导为了使特异体质学生能参加社会实践活动，勇于承担责任，积极采取行动，克服重重困难，精心安排活动环节，确保了学校社会实践活动顺利进行，满足了特异体质学生的需要，帮助其实现了愿望，彰显了对学生的关怀。

> **师德"智慧"**
>
> 关爱每一个学生，关注学生的需要与感受。
> 为了学生的成长，勇于担当。

在教育活动中，教师要有能力调节个人生活带来的各式各样的烦恼、不快与面对学生时必须保有的态度和行为之间的矛盾，在面对学生时体现出教师应有的师德。

▶ 生命叙事　2-7

优秀教师调控情绪有"绝活"①

我女儿高中一年级时的班主任讲述的他自己的一段经历，让我至今记忆深刻。他说："我的父母都生病了，与我同住。父亲血栓造成生活不能自理，母亲心脏病比较重，照顾父亲起居就落在了我身上。尤其是早上，时间紧张，有时手忙脚乱，弄得心情很不好。来到学校，一走上去教室的走廊，听到教室里吵吵闹闹，我就不能往前走了，不敢走进教室，怕看到学生做了什么不顺眼的事，自己控制不住情绪。每每这时，我就在走廊里来回走几圈，直到心情平静下来，情绪调整好了，才与学生见面。这样就不至于因个人的问题而对学生发火了。"

这位教师是省级优秀班主任。通过这件事，我们可以看到他的师德是怎样培养的。每个人的家庭生活都不是一帆风顺、风平浪静的，都可能出现各种问题、矛盾，从而影响人的状态。此时，作为教师，必须有能力"分离"个人生活与职场生活，不能将个人生活的负面情绪带到学校，更不能迁怒于学生，使学生变成"出气筒"，将自己的坏情绪宣泄到学生身上。

> **师德"智慧"**
>
> 教师不能因个人生活中的矛盾而迁怒学生。

不仅如此，教师还不能为了个人的发展而敷衍学生，以牺牲学生利益为代价，实现自己的目的。在职场中，教师不仅用自身的专业知识与能力施教，而且以自身的修养立教。学校教育是生命影响生命的活动，教师生命状态的示范性远大于教师教学活动本身。

再有，作为教师，虽然有个人偏好，对不同人有不同的感受，但却不能因个人喜恶而对学生厚此薄彼。教师扮演好角色，不仅需要有丰富的情感，而且需要理性。师爱似母爱，但不等于母爱。师爱离不开理性。师爱的理性帮助教师克服个人喜恶的局限，具有仁爱、博爱之情怀，让教师更好地履行职责，为学生成长提供有力支持。

> **师德"智慧"**
>
> 教师不能为了个人发展而敷衍学生。
> 教师不能因个人喜恶而对学生厚此薄彼。

角色是人的一种存在方式。在不同的学校教育情境中，教师有着不同的角色，如榜样角色、管理者角色、朋友角色、激励者角色、研究者角色等。那么，教师如何才能扮演好这些角色呢？扮演好这些角色的基础是什么呢？

---

① 作者为本书作者刘慧。

"不为师，方为师。"这意味着作为教师，要先"做人"，再"做角色"。教师自身对学生的影响非常大。教师用自己的经历、经验、学识、能力对学生产生影响，尤其是对小学生而言，这种影响更大。因此，小学教师首先要把"人"做好。其实，无论做什么角色，都必须先把人做好。只有做好了人，才有能力扮演好角色。那么，什么是好人呢？回到根本而言，好人一定是有良好道德品质的人。

> **师德"智慧"**
>
> 学生第一：当教师利益与学生利益冲突时，做好人，才能真正扮演好角色。

第三节　师德：教师生活的幸福保障

幸福是人的终极追求。教师幸福吗？有人说，教师幸福也许是一个伪命题。教师工作压力大，劳动强度大，何谈幸福。是这样吗？如果不是，教师的幸福又在哪里呢？

▶ 生命叙事　2-8

教师难忘的故事 [①]

我曾在一个有89人的中小学班主任培训班上，请参训教师写一个令自己难忘的生命感动故事。他们写的故事主要涉及职场、家人、自己、其他人、自然、其他六个方面，其中有三分之一的教师的生命感动故事来自职场。在阅读分析这些故事时，我会情不自禁地被他们的故事感动。下面选几个故事分享。

一位教师写道：读师范时，在一所小学实习，与班级学生建立了深厚的友谊。在我要走时，有一位学生要求她的妈妈为我写一封信，表达对我的尊敬和感谢之情。当时，我一边流泪，一边看信。我的心被震撼了，也坚定了我当一名教师。

另一位中学女教师写道：我刚当班主任时，与班干部商量组织全班50多名学生一起去爬山看日出。当爬到山顶，看到一轮红日从东方冉冉升起，然后照亮整个天时，我和我的学生都情不自禁地欢呼起来。这件事在学校有很大反响。校长找我谈话，说我没有组织性，没有组织原则，如果出了事怎么办，反正批评得很凶。我也很委屈，那几天一直闷闷不乐。是我的学生给了我鼓励，给了我安慰。那时我深深地感悟到师生情是多么宝贵。

如这般令教师难忘的场景有很多很多。许多教师可能会有下面所列举的一些经历与记忆。

---

① 刘慧：《在教育职场中享受生命幸福》，载《思想理论教育》，2011（18）。

教育实习时，被学生们第一次亲切地称为"老师"时的激动；实习结束时，学生们舍不得你走而哭成泪人的场景。

初入职时，被调皮学生气哭后快速逃离现场，而懂事的学生紧随其后，情理交融地与你交流，使你破涕为笑的经历。

课堂上，学生回答问题时表现出的富有创造性的想象带给你的惊喜。

因故不能继续给一个班上课，学生得知后为你送上签有全班学生名字的T恤衫、自制的赠言录音带，几个学生跑到你的办公室为你唱歌，感动得你泪流满面。

大街上，曾经教过的学生路遇时，从你身后传来一声"老师好！"交谈时仍清晰记得你讲过的故事，而你自己却早已忘记了的那分惊喜。

学生不小心受伤时眼神中流露出的无助唤起你的疼爱之情。

一声"老师，您真好"的稚嫩声音传来。

看到学生在作文中写道"老师像妈妈"时的感动。

看到学生怕你生气而小心翼翼哄你高兴的样子时所感受到的儿童内心的纯美。

不经意间洞见"问题少年"内心的善良之光。

令你头疼以至怀疑自己是否有做教师的能力的"浪子"忽然觉醒。

你生病时学生的体贴、爱护令你感受到他们有情有义、知恩感恩。

七十多岁早就退休的小学教师，忽然接到学生的电话请她到酒店吃饭，饭后回到家心情久久不能平静，不停地给家人讲述这个学生的故事——三十多年前教过的"捣蛋鬼"如今已事业有成。

所有这样的点点滴滴、一瞬间、一刹那，从每位教师的教育实习生活开始就源源不断地涌来。这其中所蕴含的教师幸福，无论是其中的当事人，还是听这些故事的人，都会不同程度地感受到。

💡叙事之问　　教师的幸福在哪里？通过这个生命叙事，你能列出教师幸福都体现在哪些方面吗？是什么让教师有这样的幸福感受的？教师幸福与师德有关系吗？

💡叙事之思　　教师幸福是什么样的幸福呢？通过生命叙事可见，教师的幸福存在于教育职场的真实生命体验中，印刻在教师的脑海中；但并非任何活动体验都能获得幸福，一定是出于善的动机与目的的活动才有可能使教师获得幸福。

一、教师幸福离不开职场幸福

教师幸福离不开职场，也可以说，教师幸福主要源自职场。如果将人生分成求学、供职、晚年生活三段，那么对成人而言，职场生活是其生命活动的主要内容，是这个生命阶段的主旋律。职业、职场对成年人的意义重大，职场生活状态在一定意义上直接决定一个人的生命状态。

教师在职场中获得幸福，一定是以真心为学生、为教育付出为前提的。在职场中，教师如果因一己之利驱使或功利之心作怪与学生交往，那么无论怎样做都很难获得或体验到幸福。一个人在婴儿期就学会了辨别谁对他好，这是人的生存本能。教师出于何动机为学生，学生是能感知到的，由此反馈给教师的感受也就自然不同。

教师幸福往往是在职场中实现教育梦想和生命价值的幸福。幸福不仅与情感体验相关，而且与意义、价值相连。对意义的追求与理解是导致情感体验趋向幸福的重要因素。所以一个人真正的幸福不是来自生命外在所赋予的荣耀、成功、地位等，而是生命内部深层需要的满足，这种满足源自个体梦想的实现、生命价值的实现，是"自足"的。"这时，你的心里会忽然觉得很亮堂、很轻松，没有了什么挂碍。这时你就进入了内心自由的境界。有句话说得好：'当你走出了心灵的沼泽地之后，你的眼睛里就充满了阳光感'。"①

二、教师幸福是一种生命幸福

教师幸福是生命影响生命的幸福。生命成长历程是生命能量不断释放的过程，教师职业让教师个体生命能量释放得有价值、有意义。在教育职场中，教师通过教育学生，用自己的生命能量促使学生成长。教师的生命发展也受学生生命影响，也因学生生命而改变。教师也从学生那里获得生命发展所需的能量，充实与发展自己的生命。也就是说，师生之间传递的是人类文明的结晶，流淌的是生命的情感，体验的是如何做人、做事、过有意义的生活。

教师的生命幸福是一种促进、见证学生生命成长的幸福，是桃李芬芳的幸福，是一种"储蓄"的幸福，是随着岁月的流逝不断争强的幸福，是在退离教师岗位后时常会"光顾"的幸福，是体验生命丰富、活出生命精彩的幸福，是可持续一生的幸福，是可享用一生的幸福。

可见，教师幸福离不开职场，教师职场幸福是其人生幸福的重要构成部分。师德是教师幸福的重要保障，是教师专业发展的灵魂，让教师有尊严，有社会地位，受尊重与爱戴。教师的幸福体验来自学生的尊重与爱戴。没有学生的尊重与爱戴，教师就不会有幸福感。学生尊重有师德的教师，亲近师德高尚的教师，爱戴师德高尚的教师。师德让教师"活"在学生的生命中。因此，教师有师德，才能幸福。当然，师德是教师幸福的必要条件，不是充分条件。仅有师德，是不够的；但没有师德，是绝对不行的。

【关键词图示】

请提炼出本章的关键词，并选择一两个关键词进行阐释，或用实例分析，并将关键词绘制成思维导图。

【叙事感悟】

一位北京航空航天大学附属小学教师对生命叙事 2-3 的感悟：

我是一名一线的小学教师，曾经读过很多名师的成长故事。有的忍辱负重、抛家舍业、艰

---

① 刘惊铎：《道德体验论》，北京，人民教育出版社，2021。

苦奋斗，有的天资灵秀、一路坦途、星光熠熠，但是他们似乎无一例外地早早就站在师德的高地，自带有教无类、大爱无疆的美德光环，犹如天山上的一朵莲，那么遥不可及。而俞正强老师的故事，抖落出自己成长路上的"一地鸡毛"，拉近了普通教师与名师的距离，让我感觉到原来一位名师、特级教师的成长也和我一样，都曾为课堂纪律而烦恼，为不能"摆平"学生而心忧。他也让我感觉到，一名普通老师也有可能成为名师，毕竟他也曾经和我一样，重要的是要开始改变。

作业：你对本章中哪个生命叙事最有感受？请写出你的感悟与思考。

【理论探索】

1.师德对教师生命成长有哪些价值？

2.如何理解师德是教师生活幸福的保障？

【推荐读物】

1.［加］马克斯·范梅南，李树英.教育的情调[M].李树英，译.北京：教育科学出版社，2019.

2.［美］帕克·帕尔默.教学勇气[M].方彤，译.上海：华东师范大学出版社，2019.

第三章

师德的时代"画像"

【核心观点】

★中华人民共和国成立以来，国家四次正式颁布中小学教师职业道德规范，呈现了四幅师德"画像"。

★美好多样的师德"画像"可分为三类：大家—神圣型的师德"画像"，榜样—奉献型的师德"画像"，引路人—智慧型的师德"画像"。

★师德有三层阶：守住底线，遵守规范；心怀仁爱，自主发展；回归生命，追求美善。

第一节 顶层政策的师德"画像"

中小学教师职业道德规范是对中小学教师应有的道德品质和职业行为的基本要求，对教师的职业道德起指导作用，是调节教师与学生、教师与学校、教师与国家、教师与社会的关系的基本行为准则。中华人民共和国成立以来，国家四次正式颁布中小学教师职业道德规范。

一、1984年《中小学教师职业道德要求（试行草案）》之师德"画像"

1984年，教育部和全国教育工会联合制定颁发了《中小学教师职业道德要求（试行草案）》，提出了六个方面的师德要求。这是中华人民共和国成立以来颁布的第一个中小学教师职业道德规范，注重政治性、一般性的规范要求，标志着我国开始重视师德规范建，为后来师德规范的完善奠定了基础。

> **▊ 资料卡片**
>
> 中小学教师职业道德要求（试行草案）（1984年）
>
> 一、热爱祖国，热爱中国共产党，热爱社会主义，热爱人民教育事业。
>
> 二、执行教育方针，遵循教育规律，面向全体学生，教书育人，培养学生德、智、体全面发展。
>
> 三、认真学习马列主义、毛泽东思想，学习科学文化知识和教育理论，钻研业务，精益求精，勇于创新。
>
> 四、热爱学生，了解学生，循循善诱，诲人不倦，不歧视、讽刺、体罚学生，建立民主、平等、亲密的师生关系。
>
> 五、奉公守法，遵守纪律；热爱学校，关心集体；谦虚谨慎，团结协作；与家长、社会紧密配合，共同教育学生。
>
> 六、衣着整洁，举止端庄，语言文明，礼貌待人，以身作则，为人师表。

二、1991年《中小学教师职业道德规范》之师德"画像"

1991年，国家教育委员会和全国教育工会颁发《中小学教师职业道德规范》。《中小学教师职业道德规范》在1984年《中小学教师职业道德要求（试行草案）》的基础上，针对改革开放后师德失范现象，增加了"奉献精神""尽职尽责""实事求是""作风正派""衣着大方"等新的要求。这些要求从思想到行动、从言谈到穿戴都对教师做出了明确规范。

资料卡片

中小学教师职业道德规范（1991年）

一、热爱社会主义祖国，拥护中国共产党的领导，学习和宣传马列主义、毛泽东思想，热爱教育事业，发扬奉献精神。

二、执行教育方针，遵循教育规律，尽职尽责，教书育人。

三、不断提高科学文化和教育理论水平，钻研业务，精益求精，实事求是，勇于探索。

四、面向全体学生，热爱、尊重、了解和严格要求学生，循循善诱，诲人不倦，保护学生身心健康。

五、热爱学校，关心集体，谦虚谨慎，团结协作，遵纪守法，作风正派。

六、衣着整洁、大方，举止端庄，语言文明，礼貌待人，以身作则，为人师表。

三、1997年《中小学教师职业道德规范》之师德"画像"

1997年，国家教育委员会和全国教育工会对1991年《中小学教师职业道德规范》进行修订并重新颁布。这一版首次提出了依法执教、自觉遵守《中华人民共和国教师法》等法律规范，强调了教师职业行为应遵守法律法规；首次提出"廉洁从教"的要求；针对现实中教师中存在的一些问题，做出了明确规定，意在通过提高教师觉悟、约束教师行为，在学生、家长、社会中树立教师廉洁自律的教书育人形象。

资料卡片

中小学教师职业道德规范（1997年）

一、依法执教

学习和宣传马列主义、毛泽东思想和邓小平同志建设有中国特色社会主义理论，拥护党的基本路线，全面贯彻国家教育方针，自觉遵守《教师法》等法律法规，在教育教学中同党和国家的方针政策保持一致，不得有违背党和国家方针、政策的言行。

二、爱岗敬业

热爱教育、热爱学校，尽职尽责、教书育人，注意培养学生具有良好的思想品德。认真备课上课，认真批改作业，不敷衍塞责，不传播有害学生身心健康的思想。

三、热爱学生

关心爱护全体学生，尊重学生的人格，平等、公正对待学生。对学生严格要求，耐心教导，不讽刺、挖苦、歧视学生，不体罚或变相体罚学生，保护学生合法权益，促进学生全面、主动、健康发展。

四、严谨治学

树立优良学风，刻苦钻研业务，不断学习新知识，探索教育教学规律，改进教育教学方法，提高教育、教学和科研水平。

五、团结协作

谦虚谨慎、尊重同志，相互学习、相互帮助，维护其他教师在学生中的威信。关心集体，维护学校荣誉，共创文明校风。

六、尊重家长

主动与学生家长联系，认真听取意见和建议，取得支持与配合。积极宣传科学的教育思想和方法，不训斥、指责学生家长。

七、廉洁从教

坚守高尚情操，发扬奉献精神，自觉抵制社会不良风气影响。不利用职责之便谋取私利。

八、为人师表

模范遵守社会公德，衣着整洁得体，语言规范健康，举止文明礼貌，严于律己，作风正派，以身作则，注重身教。

四、2008 年《中小学教师职业道德规范》之师德"画像"

2008 年 9 月 1 日，教育部修订了《中小学教师职业道德规范》，将八条要求归为六条，保留了"爱岗敬业""热爱学生""为人师表"三条，新增了"爱国守法""教书育人""终身学习"三条。可以概括为"三爱二育一学习"，其中，"三爱"即爱国、爱岗、爱生；"二育"即教书育人、为人师表，可谓"言教＋身教"，这是为师之责；"一学"即终身学习，这是新时代对教师的要求，也是教师的责任。

可以说，这一版集中体现了教师职业特点对师德的本质要求，"爱"与"责任"是贯彻其中的核心和灵魂。其中，"爱国守法"是教师职业的基本要求，也是对每个社会成员的基本要求。"爱岗敬业"是教师职业的本质要求，也是每个社会职业的普遍要求。"关爱学生"是师德的灵魂，是对教师职业的特殊要求。"教书育人"是教师的天职。教师必须遵循教育规律，培养学生的良好品行和创新精神，促进学生全面发展。"为人师表"是教师职业的内在要求。教师应严于律己，以身作则，做学生的榜样。"终身学习"是教师专业发展的不竭动力，是由教师职业特点决定的。教师必须树立终身学习理念，潜心钻研业务，勇于探索创新。

资料卡片

中小学教师职业道德规范（2008年）

一、爱国守法

热爱祖国，热爱人民，拥护中国共产党领导，拥护社会主义。全面贯彻国家教育方针，自觉遵守教育法律法规，依法履行教师职责权利。不得有违背党和国家方针政策的言行。

二、爱岗敬业

忠诚于人民教育事业，志存高远，勤恳敬业，甘为人梯，乐于奉献。对工作高度负责，认真备课上课，认真批改作业，认真辅导学生。不得敷衍塞责。

三、关爱学生

关心爱护全体学生，尊重学生人格，平等公正对待学生。对学生严慈相济，做学生良师益友。保护学生安全，关心学生健康，维护学生权益。不讽刺、挖苦、歧视学生，不体罚或变相体罚学生。

四、教书育人

遵循教育规律，实施素质教育。循循善诱，诲人不倦，因材施教。培养学生良好品行，激发学生创新精神，促进学生全面发展。不以分数作为评价学生的唯一标准。

五、为人师表

坚守高尚情操，知荣明耻，严于律己，以身作则。衣着得体，语言规范，举止文明。关心集体，团结协作，尊重同事，尊重家长。作风正派，廉洁奉公。自觉抵制有偿家教，不利用职务之便谋取私利。

六、终身学习

崇尚科学精神，树立终身学习理念，拓宽知识视野，更新知识结构。潜心钻研业务，勇于探索创新，不断提高专业素养和教育教学水平。

第二节　美好多样的师德"画像"

学做一名教师是一个漫长而又复杂的旅程，其间充满着刺激与挑战。[1]

我国历来重视教师职业道德。在历史发展进程中，师德"画像"可谓丰富多彩。总体而言，师德"画像"可归为三种类型。

---

[1] ［美］理查德·I.阿兰兹：《学会教学》，丛立新等译，序言1页，上海，华东师范大学出版社，2007。

一、大家—神圣型的师德"画像"

师德"智慧"

> 高山仰止，景行行止，虽不能至，然心向往之。

▶ 生命叙事 3-1

有教无类

孔子以前，学在官府，只有贵族子弟有权接受教育。孔子创办了私学。

在教育对象的问题上，孔子明确提出了"有教无类"的思想。"有教无类"的意思是不分贵族与平民，只要有心向学，略备束脩就可以入学受教。

孔子弟子三千，来自鲁、齐、晋、宋、陈、蔡、秦、楚等不同国家。这打破了当时的国界。

孔子弟子有来自贵族阶层的，如南宫敬叔、司马牛、孟懿子；也有很多来自平民家庭的，如颜回、曾参、闵子骞、仲弓、子路、子张、子夏、公冶长、子贡等。

> 孔子（前551—前479），名丘，字仲尼，儒家学说的创始人。他的哲学思想提倡"仁义""礼乐""德治教化""君以民为体"，深刻影响了中国人的生活和文化，也影响了世界上许多其他国家。

🔍 **叙事之问** 何为有教无类？孔子当时提出有教无类有何意义？孔子做到有教无类了吗？

💡 **叙事之思** 所谓有教无类是指不分贵族与平民，只要有心向学，都可以入学受教。今天，受教育是每个公民的权利和义务。在两千多年前，这一不分贫富、贵贱等都能接受教育的主张是非常了不起的，对提高人们的文化素质、促进社会文明进步有着深远的意义。孔子不仅提出有教无类的主张，而且身体力行，一生招收了来自多国、多地、多阶层的弟子。相传有三千人，其中贤士七十二人，如曾参、子路、颜回等。

在孔子的教育思想中，与有教无类相应的另一个主张就是因材施教。因材施教是指根据学生不同性格特点、技能特长、处事方式等来开展教育，因人而异、有的放矢地开展教学活动。孔子去世后，其弟子及其再传弟子把孔子及其弟子的言行语录和思想记录下来，编成了儒家经典《论语》。

> **师德"智慧"**
>
> 有教无类。
>
> 因材施教。
>
> 不愤不启，不悱不发。
>
> ——孔子

▶ 生命叙事　3-2

四块糖

有一天，陶行知发现学生王友用泥块砸自己的同学。他当即制止了王友，并令他放学后到校长办公室。

放学后，陶行知回到校长办公室，发现王友已等在门口。

陶行知立即掏出一块糖送给他，说："这是奖给你的，因为你按时来到这里，我却迟到了。"王友带着怀疑的眼神接过糖。

陶行知又掏出一块糖放在他手里，说："这也是奖给你的，因为我不让你再打人时，你立即就住手了，这说明你很尊重我。"

接着，陶行知又掏出第三块糖塞进王友手里，说："我调查过了，你砸他们，是因为他们欺负女学生。这说明你很正直，有跟坏人作斗争的勇气。"王友哭了："你打我两下吧，我错了，我砸的不是坏人，是我的同学呀……"

陶行知满意地笑了，他随即掏出第四块糖递给王友，说："为你正确地认识错误，我再奖给你一块糖。我的糖完了，我看我们的谈话也该完了。"

陶行知（1891—1946）是中国近代教育史上的"一代巨人"。毛泽东称他是"伟大的人民教育家"，宋庆龄赞他是"万世师表"。陶行知"爱满天下""捧着一颗心来，不带半根草去"的崇高精神，堪为现代教师的楷模和典范。

❓ 叙事之问　　陶行知为什么要给犯错误的学生糖？陶行知为什么能给犯错误的学生糖？陶行知为什么敢给犯错误的学生糖？

陶行知"四块糖"的故事成为教育犯错误学生的一个典范。当学生犯错误时，他会及时制止并开展后续教育，尽到了一位教师的基本职责；当他看到学生提前到达办公室时，他能从正面肯定学生守信守时，并给予了奖励；他能将学生接受他的指令停止打人，理解为学生对他的尊重，并给予了奖励，以肯定学生尊重师长；他不但当场制止学生打架，还在教育学生之前进行了调查，了解了学生打架的真正原因，在教育学生时说出了学生打架的缘由并给予奖励，不但令学生意想不到，而且还表扬他正直、勇敢，让学生认识到了自己的错误，知道了什么是对的、好的。这对学生一生的成长有重要影响。

当前，一些教师在批评学生时存在的问题是，虽然指出了错误所在，但没有说明怎么做才是对的。也有的教师盲目学习陶行知"四块糖"的做法，因不得要领而弄巧成拙，不但没有教育学生，反而让学生不分是非善恶，造成学生价值观混乱。

从陶行知能随手拿出糖来奖励学生可见，他是有备而来的。从中可以推知，他教育小学生的基本原则是以奖励为主。他了解小学生的需要，知道什么对小学生奖励有效。他不是仅用口头表扬、精神鼓励，而是满足小学生的情绪情感之需，这是非常必要与重要的。今天的小学教师要学习"四块糖"的精神实质，而不仅是形式，以免适得其反。

> **师德"智慧"**
>
> 爱满天下。
>
> 捧着一颗心来，不带半根草去。
>
> 千教万教，教人求真；千学万学，学做真人。
>
> 人生为一大事来，为一大事去。
>
> ——陶行知

二、榜样—奉献型的师德"画像"

生命叙事　3-3

榜样的力量 [①]

我刚参加工作时在一个岛上，回我们家坐船要四小时。那个岛上交通非常不便。我只有十平方米的房子，烧饭需要用煤油炉。举目无亲，恋人又远在南京，孤独、思念、无助整天包围着我。很多年轻人在一起谈论的都是想尽一切办法早一点调出该岛。我刚开始工作时是非常消极懈怠

---

① 此故事为刘慧根据范群在"全国教师教育年会"（2019 年 1 月 26 日）上的报告整理而成。

的，校长也多次找我谈话，我自己也意识到再这样下去我可能就要废掉了。

到了第二学期，学校给我安排了一个师父，她是浙江省优秀共产党员。我开始跟着师父学习怎样家访。来到师父家，我看到她自己买了很多书，在家里开了一个小小的图书馆，让孩子到她家来看书，为孩子们提供免费辅导。我跟她一块儿上街，很多家长就围着她，跟她非常亲热。我顿悟了：原来做一个好老师很光荣，能得到这么多家长的肯定。我也看到她虽然很忙，但她那种幸福感溢于言表。

之后，我慢慢向她看齐，慢慢改变我自己。改变了之后，我跟学生就成了很好的朋友。周六日，我也经常带学生们一块儿去海边钓鱼、捡海螺。平时学生有不懂的，我会给他单独辅导。我在宿舍里做美食，也经常叫学生一起品尝。就这样，我慢慢得到了学校的认可，也拥有了很多家长朋友。

到了工作第15年时，我陆续取得了一些成绩，也获得了很高的荣誉，如全国优秀班主任、全国优秀教师等。

师德楷模

范群，现任教于浙江省舟山市嵊泗县初级中学，是舟山市连续多届学科带头人，曾获全国优秀教师兼全国中小学优秀班主任、浙江省五一劳动奖章、浙江省中小学师德楷模、浙江省首届十佳心育导师等荣誉，党的十九大代表。

叙事之问　故事中"我"刚工作时是怎样的状态？"我"因何而转变？"我"是怎样得到学生、学校、家长、社会认可的？"我"的成长说明了什么？

叙事之思　教师成长是一个历程。每位年轻教师成长都需要时间，都需要经历自我与角色、理论与实践的转化、磨合的过程。对年轻人而言，初入职时个人需要与教师角色需要之间有矛盾、冲突是很正常的，关键是如何处理。

新教师成长需要榜样，需要向榜样学习。在职场中，遇到许多问题，有榜样示范，新教师就会少走许多弯路。故事中的"我"拜优秀教师为师，跟随优秀教师学习做教师。优秀教师的表率作用让"我"看到了自己的差距，激发了"我"做一名好老师的内在动力，知道了怎么做才能赢得学生、家长、学校的认可。"我"以师父为榜样，在职场中努力为学生成长服务，积极行动，持续向好。

可以说，这是许多年轻教师的成长轨迹，但不是所有教师都能达到"我"的高度。这并不是说不能，关键是要看教师本人。在"我"的转变过程中，外在榜样是一方面，内在动力与追求更为重要，而且还必须有这样的能力，即在教育教学过程中，找到自己职业发展的方向、目标，走出自己"教书育人""为人师表"的实践之路，充分体现"园丁""春蚕""蜡烛"般的奉献型师德品质。

"辛勤的园丁""春蚕到死丝方尽，蜡炬成灰泪始干"，这些都是以往人们对教师的生动比喻，是对教师无私奉献精神和高尚品质的赞誉。人们歌颂老师像蜡烛，是因为蜡烛默默地燃烧着自己，用自己的光去照亮别人，直至将自己燃尽。教师在工作岗位上不断地奉献，把自己的知识传授给学生，以帮助学生获得知识。

师德"智慧"

学高为师，身正为范。

——陶行知

三、引路人—智慧型的师德"画像"

▶ **生命叙事　3-4**

每一片叶子都有一个灵魂

库克小姐觉得我很害羞，因此她在课堂上从不叫我起立回答任何问题。老师让我们写有关个性的作文，我的题目是《每一片叶子都有一个灵魂及它是如何被风吹起的》。交了作文后，库克小姐问我是否愿意把我的作文与全班同学分享。她的问话是那么柔和，充满尊重，让我无法拒绝。我用颤抖的声音将我的作文念完，她谢了我。当我走出教室时，她建议我养成写日记的习惯并考虑以后从事写作生涯。这两个我都做了。我发现那段在库克小学那里上英语课的经历对我的一生产生了很大的影响。

叙事之问　　故事中的"我"是一个怎样的学生？库克小姐是怎样对待"我"的？这样对待"我"是否合适？"我"的作文好在哪里，使得库克小姐要打破不叫"我"发言的惯例？她是怎样使"我"能在全班同学面前读作文的？她给了"我"什么样的建议？她为什么能给出这样的建议？小学教师的使命是什么？

师德"智慧"

教师的至高追求，就是以己之力帮助学生发掘他们的潜力。

——塞缪尔·J.梅索斯

叙事之思

这个故事刊载在盖伊·莱弗朗索瓦兹所著的《教学的艺术》一书的封底。这个故事虽短，但内容非常丰富。在这个课堂片段中，我们看到了库克小姐怎样影响了"我"的一生，什么样的教师才是学生生命健康成长的引路人。

从这个故事中，我们可以读出："我"本是一个害羞的女孩，不敢在人面前讲话，教师就任由"我"这样，这对"我"也没有什么不好，反倒让"我"在这门课上不感到紧张或压抑。可见，并不是只有积极出手干预，才是对学生负责；能够了解、理解学生的个性特点，尊重学生的个性，顺着学生的个性提供合适的教育，也是对学生负责的表现。

故事中"我"的作文题目彰显了"我"对世界的认识、理解、感悟以及我的文字表达能力，这可能是在"我"当时那个年龄阶段的孩子很少有的。库克小姐"慧眼识珠"，能够敏锐地意识到"我"的优势潜能可能在写作这方面。"我"未来的发展状况也证实了她当时的判断是正确的。这正是作为学生健康成长的引路人的教师应具有的品质和能力，即借助个人的经验、学识，发现学生的优势潜能。

库克小姐用充满尊重、极其温柔的方式打破了"我"上课不发言的局面，令腼腆、害羞的"我"不能拒绝。这让"我"有了在众人面前说话的自信，也让"我"对自己更有认同感。

作为"我"的引路人，库克小姐的具体有效做法，还不只上述几个方面，更为重要的是，她给了"我"发挥优势潜能的方法与方向：养成写日记的习惯并考虑以后从事写作生涯。这是库克小姐的高超之处。对小学生而言，什么样的教育是有效的？许多教师并不知晓。从这个故事中可以看见，方向明确、方法具体、能够操作的教师指导，对小学生而言是很有效的。当然，这也要看小学生本人是否接受与行动。

> **师德"智慧"**
>
> 让我们如此教学——教人不断超越自己。
>
> 教师的影响是终生的，你不知道它在哪里停止。

第三节　师德的层阶

2016年，习近平总书记在全国高校思想政治工作会议上指出："教师不能只做传授书本知识的教书匠，而要成为塑造学生品格、品行、品味的'大先生'。"

一个人从事教师职业有三种境界：谋生、喜欢、价值。基于生存层面的谋生，基于情感层面的喜欢，基于追求层面的价值。处在不同层面的教师对待教育教学、对待儿童和自己的表现样态是不同的，个体的生命样态是不同的，其师德所处的层阶也是不同的。从事教师职业之人，所处师德层阶是其自身专业成长的重要标志。提升师德境界是教师一生的功课。

一、守住底线，遵守规范

守住师德底线，遵守职业道德规范，这是合格教师的师德层阶。遵守职业道德是职业的基本要求。职业道德具有外在的规范性、强制性。那么，师德底线何在？

2018年11月8日，教育部颁布了《新时代中小学教师职业行为十项准则》（以下简称《准则》），对师德底线做出了明确规定。教育部在颁布《准则》的通知中指出，新时代对广大教师完成立德树人根本任务提出新的更高要求，为进一步增强教师的责任感、使命感、荣誉感，规范职业行为，明确师德底线，引导广大教师努力成为有理想信念、有道德情操、有扎实学识、有仁爱之心的好老师，着力培养德、智、体、美、劳全面发展的社会主义建设者和接班人，特制定《准则》。

《准则》是教师职业行为的基本规范，是教师职业道德的基本底线，是针对一些教师出现的师德问题而提出的，如"个别教师放松自我要求，不能认真履职尽责，甚至出现严重违反师德的行为，损害教师队伍整体形象"。《准则》指出："制定教师职业行为准则，明确新时代教师职业规范，针对主要问题、突出问题划定基本底线，是对广大教师的警示提醒和严管厚爱，是深化师德师风建设，造就政治素质过硬、业务能力精湛、育人水平高超的高素质教师队伍的关键之举。"《准则》规定的师德底线有十个方面，从"应做的行为"与"不得做的行为"两个维度作出了明确规定。"应做的行为"就是师德的合格线，底线也是合格线。

📚 **资料卡片**

新时代中小学教师职业行为十项准则

一、坚定政治方向。坚持以习近平新时代中国特色社会主义思想为指导，拥护中国共产党的领导，贯彻党的教育方针；不得在教育教学活动中及其他场合有损害党中央权威、违背党的路线方针政策的言行。

二、自觉爱国守法。忠于祖国，忠于人民，恪守宪法原则，遵守法律法规，依法履行教师职责；不得损害国家利益、社会公共利益，或违背社会公序良俗。

三、传播优秀文化。带头践行社会主义核心价值观，弘扬真善美，传递正能量；不得通过课堂、论坛、讲座、信息网络及其他渠道发表、转发错误观点，或编造散布虚假信息、不良信息。

四、潜心教书育人。落实立德树人根本任务，遵循教育规律和学生成长规律，因材施教，教学相长；不得违反教学纪律，敷衍教学，或擅自从事影响教育教学本职工作的兼职兼薪行为。

五、关心爱护学生。严慈相济，诲人不倦，真心关爱学生，严格要求学生，做学生良师益友；不得歧视、侮辱学生，严禁虐待、伤害学生。

六、加强安全防范。增强安全意识，加强安全教育，保护学生安全，防范事故风险；不得在教育教学活动中遇突发事件、面临危险时，不顾学生安危，擅离职守，自行逃离。

七、坚持言行雅正。为人师表，以身作则，举止文明，作风正派，自重自爱；不得与学生发生任何不正当关系，严禁任何形式的猥亵、性骚扰行为。

八、秉持公平诚信。坚持原则，处事公道，光明磊落，为人正直；不得在招生、考试、推优、保送及绩效考核、岗位聘用、职称评聘、评优评奖等工作中徇私舞弊、弄虚作假。

九、坚守廉洁自律。严于律己，清廉从教；不得索要、收受学生及家长财物或参加由学生及家长付费的宴请、旅游、娱乐休闲等活动，不得向学生推销图书报刊、教辅材料、社会保险或利用家长资源谋取私利。

十、规范从教行为。勤勉敬业，乐于奉献，自觉抵制不良风气；不得组织、参与有偿补课，或为校外培训机构和他人介绍生源、提供相关信息。

二、心怀仁爱，自主发展

▶ 生命叙事　3–5

我的八大罪状 ①

我工作到第 15 年时，陆续取得了一些成绩，也获得了很高的荣誉，如全国优秀班主任、全国优秀教师等。自我感觉开始好起来。但为了显示民主，我向学生们发了意见征求表。

我本想意见征求表上应该都是学生的感激和溢美之词，但没想到他们毫不客气地罗列了许多我工作上的问题，如说话不算数、情绪化、偏爱优秀生、包庇女生等。我归纳了一下，一共有八条。其中有一个学生写道："你根本就不懂我们的心，只知道强迫我们按照你的想法学习和生活，你的眼睛里只有比赛，只有奖状，我有点烦你。"看到这些，我非常难过。因为我觉得我是非常敬业负责的，几百块钱的班主任费，我全部用在学生身上。我对他们这么好，他们居然说有点烦我。

当我静下心来反思时，我觉得学生讲的是有道理的。我确实是有一些这样的问题：急功近利，大包大揽，不相信学生，没有读懂学生的心。反思之后，我就开始改变自己。首先，我给自己设三道警示牌。第一道警示牌是设立一个班主任监督员，专门管我。我说出的哪些话没有作数，他来监督我；我哪个细节做得不到位，他来提醒我。第二道是声讨书，原来我是一个学期收集一次，后来我是半个学期收集一次。让学生写，越多越好，最后还聘请了几位家长，每个月我们到茶室

---

① 此故事为刘慧根据范群老师在"全国教师教育年会"（2019 年 1 月 26 日）上的报告整理而成。

里面聊天。在这样融洽的氛围里，家长会把心里话告诉我，促使我不断改正工作中的不足。第三道是创立"同桌节"，组建"雁行小队"，在班级里评选"魅力男女生"，开家长会"小鬼当家"，还编制了"成功存折"等，这些活动大多来自学生的创意。班级管理方面也取得了实效，特别是"雁行小队"的模式被浙江省评为十大素质教育案例之一。这些好的成绩其实都来自学生的建议和家长的督促，我心里面特别感激他们。

我认为师德修养的途径是内省，一个教师只有不断地反思自己，才能够构建属于自己的"师德大厦"。我也想推荐康德的一句话："道德的行为不是产生于强制，而是产生于自觉，达到自律道德，才算真正具有了道德意义。"师德成长的特征包括道德的批判性和自我的批判性。教师只有时时反思自己的教学和育人行为，才能深刻认识到自己的优点和缺点，才能不断提升自己的道德示范能力。一直这样自我批判，我觉得自己身上的缺点越来越多，但是我改正的缺点也越来越多。

💡**叙事之问**　　故事中的"我"向学生发出征求意见表的动机是什么，得到的反馈是什么？"我"是什么感受，又是怎么对待的，最后的结果如何？故事中的"我"处于怎样的师德层阶，是如何达到的？

💡**叙事之思**　　作为教师，即使是优秀教师，自认为对学生非常好了，工作成绩也很出色了，也有不被学生认可的时候。因为教师认为的好与学生感受到的好并非一致，可能存在很大偏差，甚至相反。这对教师而言，不仅是对内心感受的考验，而且是对理性、智慧的考验。

故事中的"我"向我们展示了她的处理方式，让我们看到了一位好教师的师德与智慧。故事中的"我"在经过了最初的情感刺激、内心痛苦、理性反思之后，看到了自己的不足，接受了学生的批评，开始转变观念，开动脑筋寻找解决路径，并积极采取行动；通过一系列措施改变传统的师生观、家校观，相信学生，听取学生意见，放手让学生做事；与家长建立朋友关系，听取家长意见，获得家长信任、支持，真正满足了学生的需要，促进了学生生命健康成长。最后"我"不仅提升了教书育人能力、师德修养，而且增强了自主发展的成就感、职业幸福感。

由此可见，所谓好教师，首先要满足学生的需要，而非学校的考核、教师本人的自我感觉。教师职业是与学生打交道的职业。学生在与教师交往的过程中不同程度地依赖、听从、模仿教师，教师对待人与事的态度、行为都会潜移默化地影响学生。教师对学生的保护、监管、示范、引导等，若要取得实效，必须要与学生的需要相吻合。所以，好教师的首要标准是能懂学生，尊重学生，让学生感受到爱，为他们的成长提供有效帮助。

教师职业是爱的职业。习近平总书记提出"四有好老师"标准，其中，仁爱之心是好老师的师德核心。满足学生生命健康成长需要的好教师一定是心怀仁爱之心的。仁爱之心在教师专业标准中明确为"四心"，即爱心、责任心、耐心、细心。

爱心是善良之心，是同情、怜悯、给予之心，是人之为人的根本。一个缺乏爱心之人不能成为一名合格教师。拥有爱心的教师不但能够关心、尊重学生，能设身处地地为学生着想，对学生的伤痛或难过感同身受，给予学生无怨无悔的教化，而且对其周围的人和事、对这个世界也十分关心。这不但满足了学生生命健康成长的需要，而且无形中培育了学生的爱心，即"以爱育爱"。

责任心与爱心分不开。责任心是爱心的一个重要组成部分，没有责任心，爱心就难以体现。拥有责任心是一个人应该具备的基本素养，是健全人格的基础。一个有责任心的人，具有对事情负责、主动的态度。对学生而言，教师的责任心是学生生命健康成长的重要保障。

耐心是责任心的重要体现。耐心是忍耐、等待和期待，是一个人各方面能力发展的基础。因此是否具有耐心一直被认为是衡量一个人心理素质优劣、心理健康与否的标准。对学生而言，教师具有耐心对其生命成长特别重要。有耐心的教师面对学生的成长，知道等待且充满期望地等待，这对学生的生命成长而言就是一种保障。

细心是爱心、责任心的具体体现。细心意味着用心，不疏忽大意。细心作为一种个性特质，与气质密切联系；作为一种心理素质，可以在实践中逐步培养。细心很大程度上依赖于责任心。学生的身心发展特点特别需要教师细心。如果教师缺乏细心，其爱心、责任心也难以实现。

> **师德"智慧"**
>
> 好教师的师德具有内在性、自主性、发展性，即遵从内在良知，心怀仁爱，谋求自主发展，争取更好效果。

三、回归生命，追求美善

▶ 生命叙事　3-6

给新教师的一封信

一位在第二次世界大战期间德国纳粹集中营中遭受过非人折磨的幸存者，后来辗转到美国，做了一所中学的校长。每当新教师来到学校时，他都会交给新教师一封信，信中这样写道："亲爱的老师，我是一名纳粹集中营中的幸存者，我亲眼看到了人类不应当见到的情境：毒气室由学有专长的工程师建造，儿童被学识渊博的医生毒死，幼儿被训练有素的护士杀害，妇女和婴儿被接受过高中或大学教育的士兵枪杀。看到这一切，我疑惑了：教育究竟是为了什么？我的请求是请你帮助学生成长为具有人性的人。你们的努力决不应当被用于创造学识渊博的怪物，多才多艺的变态狂，受过高等教育的屠夫。只有在使我们的孩子具有人性的情况下，读、写、算的能力才有价值。"

叙事之问　　这个故事震撼人心，发人深思。这位校长向新教师提出的请求是什么？他为什么要提这样的请求？人为什么要接受教育？一个人经过多年学习、奋斗获得学位和专业能力是为了什么？教育是为了什么？如何理解"具有人性的人"？教师应具有怎样的德性才能培养"具有人性的人"？

叙事之思　　这位校长，纳粹集中营的幸存者，向新教师提出的请求，实质是向教育、向社会、向人类发出的呐喊。人类创造知识、发明武器，不是用来杀害生命的。一个人接受教育，掌握专业知识与能力，是为了更好地生活，更好地为社会服务、为生命服务。坚守一切行动有利于人的生命安全，坚守人的生存与发展的准则，这就是人性，这就是回归生命，这也是最根本的教育、最有价值的教育。

> **师德"智慧"**
>
> 　教育的目的应当是向人传递生命的气息。
>
> 　　　　　　　　　　　　　　　　——泰戈尔

　　作为新时代的教师，必须深刻理解教育的本质、教师的使命、生命的意义。

　　教育是引人向善、传递人类文明、维系人类社会可持续发展的重要力量。关心人类命运，关爱生命，是教育的时代使命。"自20世纪70年代乃至20世纪90年代以来，全球智力格局和物质基础都发生了翻天覆地的变化。21世纪的第二个十年标志着一个新的历史节点，给人类的学习和发展带来了新的挑战和新的机遇。我们正在步入一个新的历史阶段，各个社会之间相互联系和相互依存，各种复杂性、不确定性和张力达到了前所未有的程度。"[1]为此，"人们寄希望于教育能够培养个人和社会掌握适应变化并做出反应的能力"。这样的教育是"人文主义教育观和发展观的启迪下完成的作品，以尊重生命和人类尊严、权利平等、社会正义、文化多样性、国际团结和为创造可持续的未来承担共同责任为基础，而这些正是人性的基本共同点"[2]。

---

　　① 联合国教科文组织：《反思教育：向"全球共同利益"的理念转变？》，联合国教科文组织总部中文科译，导言7页，北京，教育科学出版社，2017。

　　② 同上书，摘要1页。

人文主义教育要求教师要具有人文关怀，关注人类命运，理解人性的共同点，对可持续发展负责。所谓人文关怀，就是对人的生存状况的关怀，对人的尊严与符合人性的生活条件的肯定，对人类的解放与自由的追求。一句话，人文关怀就是关注人的生存与发展，就是关心人、爱护人、尊重人。这是社会文明进步的标志，是人类自觉意识提高的反映。

📘 资料卡片

人文关怀包括层层递进又密切相关的几层含义。

1. 承认人不仅仅作为一种物质生命的存在，更是一种精神、文化的存在。

2. 承认人无论是在推动社会发展还是在实现自身发展方面都居于核心地位或支配地位。

3. 承认人的价值，追求人的社会价值和个体价值的统一、作为手段和目的的统一。

4. 尊重人的主体性。人不仅是物质生活的主体，也是政治生活、精神生活乃至整个社会生活的主体，因而也是改善人的生活、提高人的生活品质的主体。

5. 关心人的多方面、多层次的需要。不仅关心人物质层面的需要，而且关心人精神文化层面的需要；不仅创造条件满足人的生存需要、享受需要，而且着力于人的自我发展、自我完善需要的满足。

6. 促进人的自由全面发展。人的全面发展应当是自由、积极、主动的发展，而不是由外力强制的发展；是各方面素质都得到较好的发展或达到一定水平的发展；是在承认人的差异性、特殊性基础上的全面发展；是与个性发展相辅相成的全面发展。

具体而言，教师应以立德树人为根本任务，以关爱学生生命健康成长为核心，"做小学生健康成长的指导者和引路人"。这句话是我国《小学教师专业标准（试行）》中"师德为先"理念的落脚点。这是师德的核心、实质所在，是师德的最高体现。教师要做学生的引路人，这是2016年教师节前夕，习近平总书记在北京市八一学校考察时特别强调的。他指出："广大教师要做学生锤炼品格的引路人，做学生学习知识的引路人，做学生创新思维的引路人，做学生奉献祖国的引路人。"这既是帮助学生追求美善、实现生命的价值、活出生命的意义，也是教师自身生命价值的实现、生命意义的体现。

师德"智慧"

理解人性与人文关怀。

师德具有人文性、生命性、超越性。

【关键词图示】

请提炼出本章的关键词，并选择一两个关键词进行阐释，或用实例分析，并将关键词绘制成思维导图。

【叙事分析】

天塌不下来的 [①]

自从走上教学管理岗位，耳边就常听到"人本管理""换位体验""恰当工作方法"这些话。这不禁唤起我对中学时的一件事的回忆。多少年来它在我的管理生涯中在换位体验、改善方法方面起到了积极的作用。

我初二时的语文老师是一位男老师。在语文教学中，他给我们留的一项常规作业就是写日记，每天一篇。他在给我们大讲了一番练笔意义之后，提出："日记不会天天查，但一定会不定期抽查，到时你甭说没有。"

前几次，我都顺利完成了任务。直到有一次，老师在语文课即将结束时淡淡地说："把日记本收上来看看。"对于那天的我，这无疑是个晴天霹雳。因为有十多天没有让交了，又临近期中考试，我还真是放松了要求，应该完成十几篇而我只完成了一半，这怎么办？眼见收日记本的同学渐渐靠近我，我的眼泪都快出来了。各种想法涌上心头：站起来向老师坦白吗？一个女生，还算是成绩好的学生，怎么面对老师的当众批评，怎么面对同学的指指点点……不坦白吗？老师发现后会多生气，这可是人品问题啊！这时，收日记本的同学已经收到我的身后了。情急之中，我在日记本上慌乱地写上："没写完怎么办？"本子就这样被收走了。

接下来的几天，我内心忐忑不安，总是担心随时被老师叫到办公室挨批评。那个办公室可大了，有好几位老师呢，这可怎么办啊？我还担心老师会在班上提到这件事，说我不诚实："作业没写完，招呼不打就敢交，是不是想蒙混过关啊。"

三天过去了，我设想的场面什么也没有发生。日记本和大家的一样发到了我手里。老师没发现吗？我飞快地翻到那一页，一串红字映入我的眼帘："天塌不下来的！"

老师没让我在面子上有任何难堪，这件事对于我来说是铭记于心的一次体验、一次触动。我深深地感受到了犯错误时心里巨浪般地涌动。常理道：好学生更要严格要求，防微杜渐。可是在现实中，真的是一把钥匙开一把锁，对于某些人，一次的失误、偶尔的失误，不要穷追不舍，而是要给他自己改过的机会，实现他在过程中的自我管理。

作业：参照本章的写作方式，请对该故事进行"叙事之问"和"叙事之思"的写作。

【故事写作】

请查阅资料，列举对教师的赞美、比喻之词，并选出一两个词，写出一个真实的故事。

[①]　本故事来自刘慧主持的北京市"顺义区教学管理干部培训班"（2008 年）上石园小学校孟海芹老师的生命叙事。

【理论探索】

结合本章内容，谈谈你对师德层阶的理解。你认为师德有几种层阶？如何提升师德层阶？

【推荐读物】

1.联合国教科文组织.反思教育：向"全球共同利益"的理念转变？[M].联合国教科文组织总部中文科，译.北京：教育科学出版社，2017.

2.檀传宝.教师职业道德[M].北京：北京师范大学出版社，2015.

第四章

生命为本，己立立人

【核心观点】

★ 爱生命是师德之根本。

★ 教师的生命之爱包括爱自己、爱角色、爱学生。

★ 爱自己，就要追求优质自己。成为优质的自己，既是立己，同时也是立人。

★ 爱学生，就要助力学生变好。

第一节　爱生命：师德之根

一、爱生命：以生命为本

▶ 生命叙事　4-1

课堂上还有什么声音①

一天，我组织某区小学教学管理干部研修班的 40 名学员，包括教学副校长和教学主任，到一所小学听课。这是一堂小学三年级的语文课，年轻的女老师讲课十分投入，学员们和学生们也很投入。教学进行得很顺利。教学结束后，市语文教研员从新课程改革的视角对本节课进行了点评。

下午，我主持教学管理部分的研讨。我开场就问了一个问题："课堂上都有什么声音？"学员们纷纷说着：老师讲课声、学生回答声、播放 PPT 的声音等。

我为什么要问这个问题呢？因为在上午的课堂上，坐在第二排第二列的一位男生咳嗽得很厉害。传统的语文课教学善用朗读法：全班齐读，男女生分读，横行竖列分读，个人读等。在有外人听课的教学中，学生们更愿意积极配合老师。我发现，每当老师组织朗读时，这个孩子的咳嗽声就会因为声带受刺激而变得更响。我也注意到，老师让举手发言的时候，这位男孩有两次举起手来，后来都因开始咳嗽而放下。

我再三追问："课堂上还有什么声音？"除了和教学相关的，学员们似乎没有其他的答案。这时，我的一位负责录像的研究生小声说了一句："咳嗽声。"话音一落，整个教室鸦雀无声，静得连一根针掉到地上的声音都能听到。随即，学员们纷纷议论开了："是啊，确实有咳嗽声。""那么，我们为什么没听到呢？""是呀，为什么我们听不到课堂上的咳嗽声呢？"一阵热议后，他们给出了结论："原来，我们的课堂教学评价体系中并没有这一项呀。"

是呀，几乎所有的课堂教学评价都是围绕着学科教学展开的，对于学生的生命状态的评价指标几乎没有涉及。那么，对于课堂上的咳嗽声，老师要不要关注呢？针对这一问题，学员们开展了热烈讨论。有的学员说："不能关注，关注了就没有办法完成教学任务了。"有的学员认为，关注是需要的，但在课堂上有限的教学时间里怎么关注呢？仿佛一关注就无法完成教学任务。如何协调两者，好像找不到合适的方式。

那么，到底老师能不能在课上既关注这个男孩又不影响教学呢？随后，我做了三个演示：一是走到这个学生旁边，轻轻地跟他说"读的时候小点儿声"，或拍拍他的背，帮他缓解一下；二是教室前边的桌子上摆着矿泉水，拿一瓶矿泉水放在他的桌子上，不说话，示意他咳嗽时可以喝点儿水缓解一下；三是他坐在里边，如果老师不方便，可以跟他的同桌说"照顾一下咳嗽的同

① 刘慧教授主持的北京市某区教学管理干部研修班"走进课堂"活动现场。

桌"。之后，我问学员们这三种方式在老师上课时是否可行，他们纷纷表示完全可以做到。

课后，我的研究生对任课老师进行了电话采访。当听到这个问题时，任课老师说没有听到孩子的咳嗽声；后来说这个班不是她带的，借班上课，不了解学生情况；再后来说，如果上课关注了这个男孩，就不能完成教学任务了，不能为了一个人耽误了授课计划。

看来这是一个非常值得关注的现象，需要深层思考。

叙事之问　　教师全身心投入课堂教学而忽视学生的生命状态，有错吗？教师的职责是教书育人，在教学过程中如何才算是完成了育人任务？在课堂上，教师不关注一个孩子的生命状态，是否会影响这个孩子乃至整个班级学生对待生命的态度？

叙事之思　　教师全身心投入教学是没错的，但仅仅如此是不够的。课堂上忽视一个咳嗽的男生，看似是小事，实则关涉教师的教育观、教学观、学生观等，进而会影响社会风气。在学校教育中，教师如何关爱生命等一些基本问题是需要被重新审视的。

在长期的应试教育中，受知识本位、升学压力的影响，小学教师将关爱学生生命状态与教学、班级管理任务、提高学生考试成绩相对立，眼中看到的儿童不是一个鲜活的生命体，而是知识的"容器"，因此自己也不是儿童的教育者，只是知识的传授者，因而也就无心、无力关爱学生生命。

当教师关爱生命的意识增强时，这种状况才会改变。其实，课堂上教师不需要花更多的时间嘘寒问暖，而是要真正表达关心，传递爱。这也是爱的教育，是育人的过程。在教学过程中，教师不是被"钉"在讲台上的，而是"穿行"在书桌之间的。这样做不仅为了监管学生是否遵守纪律、是否跟随课堂的教学节奏，而且要传递爱意，播撒关爱生命的"种子"，温暖学生，温暖自己。故爱生命是师德的根本所在。

（一）以生命为本：彰显生命至上

生命是整个自然界中最神奇的现象。它存在于人、社会和自然之中，并与之相通。生命充满了能量，推动万事万物不断发展。任何生命都有不断向好、不断上升、不断蜕变的潜力。哪怕再微小的生命力量，都不应被忽视。

随着对生命世界认识的不断深入，人们越来越深刻地领悟到，生命本身蕴含着独特的价值。生命是价值的本源，有生命才有价值。生命价值包括本体性价值与关系性价值。不论是人的生命，还是动植物的生命，都具有这两种价值。生命高于一切，保护生命是人类共同的、基本的价值观。①

以生命为本意味着尊重、理解生命价值，树立"生命高于一切"的生命价值观。生命是伟大的、无可比拟的。唯有回到生命之中，人才能意识到自己的渺小、人类的渺小；才能真正摒弃人类中心主义，回归自然之道，重修人与自然的和谐生态关系；才能虔诚地对待生命，敬畏生命，感恩生命。

"生命高于一切"体现在"为了生命"的责任履行与使命担当上。每个人的生命都有多重角色，每一角色都有其职责。社会的有序运行、繁荣发展，依赖于社会每一个成员各负其责。每个人来到世上，都有其使命。一个人做好自己，就是要履行好角色责任，完成其使命，这也是一个人生命价值的体现。②

以生命为本，意味着相信生命。生命本身具有向上性、向善性、智慧性等诸多特性。相信生命，其实是一种人生态度，即对生命敬畏，对善信任，对人性肯定。诗人食指的《相信未来》曾经激励了无数人。他说："当蜘蛛网无情地查封了我的炉台／当灰烬的余烟叹息着贫困的悲哀／我依然固执地铺平失望的灰烬／用美丽的雪花写下：相信未来……朋友，坚定地相信未来吧／相信不屈不挠的努力／相信战胜死亡的年轻／相信未来，热爱生命。"这种对未来的信任、对生命的热爱，便是一种相信生命的力量。

📖 资料卡片

生命是通向圆熟的境界，圆熟意味着内在均衡和谐的状态，处于这种状态下，没有任何事物可以摇撼一个人的平静安详，生活不再慌乱，生命不再迷惑。

——杰·唐纳·华特士

（二）爱生命，就要给予生命

爱，最根本的体现就是关爱生命。雅斯贝尔斯认为，爱与交流的行为是人的天性中的重要一维。每个人都有获得爱和施予爱的需要，都有关爱生命的天性。那么，什么是爱呢？弗洛姆在《爱的艺术》中指出，爱是一种主动活动，而不是一种被动情感；它是"分担"，而不是"迷恋"。在一般意义上，爱的主动性特征主要是给予，而不是接受。除了给予之外，爱的主动性还包含一些基本因素，它们是关心、责任、尊重和认识。由此，关爱生命是一个"大概念"，其包含多个方面，如给予生命、关心生命、对生命负责、尊重生命等。其中，给予生命是爱生命的实质所在。

给予生命是关爱生命的核心体现。何谓给予？在弗洛姆看来，一个人给予另一个人的是他生命的活力，是他的欢乐、旨趣、理解、知识、幽默，是他的生命活力的全部表达方式和全部证明方式。这样，在给予他的生命时，他使另一个人富有起来，通过提高他自己的生命感提高另一

---

① 刘慧：《生命教育导论》，45页，北京，人民教育出版社，2014。
② 刘慧：《让生命回到教育的主场》，载《人民教育》，2020（7）。

个人的生命感。① 可见，给予生命，就是一个生命将自己的时间和自身的生命活力"献给"另一个生命，在使另一个生命丰富的同时也丰富自己的生命。给予生命首先体现为给予时间。给予生命，在学校生命教育中，既是有形的，又是无形的。就教师而言，给予生命就是使自身生命"在场"，将时间和自身的生命活力赋予学生，为师生的生命赋能。

（三）关爱生命，就要关心生命、责任生命、尊重生命

具体而言，关爱生命的内容主要体现为关心生命、责任生命、尊重生命。

何谓关心？《现代汉语词典》（第7版）的解释是把人或事物常放在心上，重视和爱护。马丁·海德格尔将关心描述为人类的一种存在方式："关心既是人对其他生命所表现的同情态度，也是人在做任何事情时严肃的考虑。关心是最深刻的渴望，关心是一瞬间的怜悯，关心是人世间所有的担心、忧患和痛苦。"② 弗洛姆认为，爱包含关心，是对所爱的生命的主动关注。爱的真谛是为某种东西"出力"，并使"某种东西成长"。爱和劳动不可分。人人都爱自己出过力的东西，同时也为他所爱的东西而出力。可见，关心体现在投入、焦虑、担心、挂念、关注、渴望、促进等方面。关心生命是指对生命及其成长的投入、同情、怜悯、焦虑、担心、挂念、关注、渴望、促进等。③

责任生命是指对生命需要的自愿反应行动，不仅包括对自己生命需要（生理、安全、爱、尊重、认知、审美、自我实现）的自愿反应行动，而且包括对他人生命、它类生命需要的自愿反应行动。弗洛姆说："照顾和关心包含着爱的另一方面，即责任。……真正的责任则是一种完全自愿的行动；是我对另一个人的需要——表达的或未表达的——的反应。有责任感意味着有能力并准备'反应'。"④ 生命存在是生命的第一需要，有生命才可能有生命的一切。因而保护生命应是责任生命的第一要务。保护生命的存在，一方面，是提供生命存在所需的一切能量，如衣食住行和精神发育所需的能量；另一方面，必须要预防有害于生命存在的一切因素，如战争、自然灾害、环境污染、非自然死亡等。教师要帮助学生懂得对生命负责任，引发他们的生命责任感。

生命是有尊严的。弗洛姆说："如果不是爱的第三个因素——尊重，责任就会很容易地堕落为统治和占有。……尊重意味着能够按照其本来面目看待某人，能够意识到他的独特个性。尊重意味着关心另一个人，使之按照其本性成长和发展。"⑤

个体生命状态是个体生命的遗传独特性、生命追求、生命需要、经历与经验共同运作的产物，每个个体的生命状态都应该被尊重。尊重生命状态意味着尊重个体生命的独特性，尊重个体生命的差异性，尊重生物多样性及其共在的生命世界。尊重个体生命状态也意味着尊重个体生命的追求、生命经历。其中，生命追求在生物界个体生命成长中的目标是成为自己。成为自己包括成为自己的"生命所是"和"生命所能是"。在生命世界中，每一个个体生命都是独一无二的，成为

---

① [美] 弗洛姆：《为自己的人》，孙依依译，250页，北京，生活·读书·新知三联书店，1988。
② [美] 内尔·诺丁斯：《学会关心：教育的另一种模式》，于天龙译，23页，北京，教育科学出版社，2003。
③ [美] 弗洛姆：《为自己的人》，孙依依译，248~250页，北京，生活·读书·新知三联书店，1988。
④ 同上书，252页。
⑤ 同上书，252~253页。

自己是其独一无二的个体生命的实现。现代多元社会对成功的定义逐渐多元化，"成为优质自己"或者"做最好的自己"都是对生命的尊重。

▌资料卡片

史怀泽曾指出："由于敬畏生命的伦理学，我们不仅与人，而且与一切存在于我们范围之内的生物发生了联系。敬畏生命的伦理学要求我们关心这些生物的命运，在力所能及的范围内避免伤害它们，在危难中尽力救助它们。……人是要求生存的生命，人的生命置于包括动物在内的所有要求生存的生命之中。对有思想的人来说，应在自己的生命体验中体验其他的生命，人应该敬畏自己的生命意志，也同样应该敬畏所有其他生物的生命意志。"①

二、教师爱生命的"三重"体现

▶ **生命叙事　4-2**

坚守承诺，彰显本色

那是1980年，十九岁的南昌姑娘支月英不顾家人反对，远离家乡，只身来到海拔近千米且道路崎岖的泥洋小学，成了一名女教师。

山村生活条件异常艰苦，太偏太穷，食品稀缺。支月英像当地人一样，自己动手种菜。一年又一年，支月英不但坚持了下来，而且无论刮风下雨、结冰打霜，都一个个送孩子回家。冬去春来，寒来暑往，这位外乡的女教师用自己多年的倾心守望兑现了自己的承诺，成为当地人人尊敬的人民教师。

在白洋村，支月英与一双双渴望知识的眼睛相伴。她教孩子们读书识字，唱歌跳舞，认识大千世界。刚参加工作时，她的工资只有几十块钱。有些孩子交不起学费，家长不让孩子上学。支月英经常为学生垫付学费，有时自己买米买菜的钱都不够。

为了提高教学质量，支月英除了自学外，每年都积极参加各类教育培训，不断提高教育教学能力。她努力创新教学方法，总结出适合乡村教学点的动静搭配教学法。她真诚对待每一个学生，把以人为本的教育思想融入教学过程。她眼里没有学困生概念，只是爱好和特长不同。在她的精心教育下，一个又一个学生成为各行各业的骨干。

支月英既是校长、老师，又是"保姆"，上课教书，下课与学生玩耍。家里人担心她的身体，总是说："你也年过半百了，身体又不好，别的老师都往山外调，而你还往更远的深山里钻。"她

---

① 翁绍军：《信仰与人世——现代宗教伦理面面观》，185页，武汉，湖北教育出版社，1999。

乐呵呵地说："如果人人都向往山外，大山里的孩子谁来教育，山区教育谁来支撑？"各级领导关心她，几次要给她调换工作，但她每次都婉言拒绝了。

支月英说："我就是一个基层的很普通的老师，我只想做好我自己。有的人说，你得到这么高的荣誉又怎么样呢？你能代表什么呀？我认为，我代表我自己。这里的乡亲们爱我，我的学生们爱我，他们需要我，我不忍心离开他们。"

支月英被评为"感动中国"2016年度人物。对她的颁奖词为：你跋涉了许多路，总是围绕大山。吃了很多苦，但给孩子们的都是甜。坚守才有希望，这是你的信念。三十六年，绚烂了两代人的童年，花白了你的麻花辫。

（整理自新华网等）

支月英，江西进贤人，中共党员，江西省宜春市奉新县澡下镇白洋教学点教师。她几十年坚守在偏远的山村，从"支姐姐"到"支妈妈"，教育了大山深处的两代人。她努力创新教学方法，总结出适合乡村教学点的动静搭配教学法。她关爱孩子，资助贫困生，不让一个孩子辍学。她走得最多的是崎岖山路，想得最多的是如何教好深山里的孩子。她曾获全国模范教师、全国岗位学雷锋标兵、江西省"龚全珍式好干部"、江西省"三八红旗手"等荣誉。2017年2月8日，支月英被评为"感动中国"2016年度人物；2019年9月，被授予"最美奋斗者"称号。

叙事之问　到底是什么支撑着支月英近40年扎根大山教育？她这样做是爱自己吗，为什么？她的爱都表现在哪些方面？

叙事之思　教师爱生命包含爱自己、爱角色、爱学生三个层次，教师角色是个体生命所承担的一种社会角色，角色是个体生命的一部分。因此，教师要爱自己就必然要爱教师角色。教师角色的工作对象是学生，故教师爱角色也就必然包含爱学生。

（一）教师对自己生命的爱

支月英是爱生命的，是爱自己的。她对自己的爱体现在充分认识自己的价值和意义，享受教师身份带来的感动。她欣赏自我生命传递出的温度和能量，并且以更大的热情投入教育事业，不断实现自我理想和自我价值。可见，教师自爱首先是肯定自身价值、生命状态以及自身作用。其次，接受、接纳自己当下的生命状态，给自己一个正确的定位，欣赏自己生命焕发的光彩。最后，实现自己的生命追求。这是一种深刻的自爱，是个体生命从"现实自我"向"理想自我"的发展。这是教师爱自己的目标指向，是教师主动追求、达到生命自我完善和自我成就的最佳状态，从而使自己成为优质的自己。[①]

亚里士多德曾说："人人都爱自己，而自爱出于天赋，并不是偶发的冲动。"[②]自爱是人的天性，是个体对自身生命的关怀，具有原发性；是引发个人道德行为，推动个体生命超越自我、追求美好幸福生活的德性品质；出于爱自己而达于爱他人、爱社会，具有超越性。

从生命的角度看，自爱具有生命性，体现为个体性、关系性及整体性。首先，自爱是生命的内在需求和内在力量，因而具有生命性，是生命力的彰显。其次，自爱具有个体差异性，不同个体的自爱具有不同的途径。然后，任何个体都不能孤立存在，每个个体都是存在于社会中的，每个个体都是关系性的存在，故自爱一定是在关系中实现的。个体要想发挥主动性和个体价值，必须通过一定的社会关系与社会其他人或事物相联结。最后，自爱的实现离不开个体性，也离不开关系性，是两者相互作用的产物，体现出整体性。

从职业的角度看，教师自爱具有教育性，体现为榜样性、示范性。雅斯贝尔斯认为，爱是教育的原动力，一个人的本来面目之所以能在爱他的人眼中显现出来，首先是因为爱是人生存的第一要素。[③]从一定意义上讲，教师职业是一种特殊的职业。它的特殊性就在于，从根本上讲教育是引人向善的，教师是承担教书育人这一使命的使者；教师要承担这一使命，必须要有爱。[④]因此教师之爱本身具有教育的属性，这种属性可以在无形中引导学生，起着榜样的作用。

（二）教师对角色的爱

支月英深爱着她的角色。她说："我就是一个基层的很普通的老师，我只想做好我自己。"这句话包含着她对教师这一职业的热爱。正是这分热爱鼓舞着她，促使她为山村教育奉献青春和力量。

教师角色对教师个体生命具有重要意义。角色是人的生命存在的一部分，是人的生命存在的方式之一，也是连接自己与他人及周遭的中介。从生存的角度看，扮演教师角色是从事教师工作之人谋生的一种重要方式；从生活的角度看，扮演教师角色是教师个人在社会关系中对某种职能的担当，是教师参与社会生活的手段和方式；从生命的角度看，扮演教师角色是教师个体体验自己生命存在、享受自己生命精彩的方式。

因此，教师是否发自内心地热爱自己的角色，享受角色带来的成就感和幸福感，与教师个体生活质量息息相关。教师只有热爱这一岗位，才能在生活中善于观察、体验，将教育的外延扩展到生活，实现教师及其生命和谐统一。

① 刘慧、马雪莉：《教师自爱及其生命价值探析》，载《中国德育》，2017（19）。
② [古希腊] 亚里士多德：《政治学》，吴寿彭译，19页，北京，北京商务书馆，2006。
③ [德] 雅斯贝尔斯：《什么是教育》，邹进译，92页，北京，生活·读书·新知三联书店，1991。
④ 朱小蔓等：《教育职场：教师的道德成长》，58页，北京，教育科学出版社，2004。

（三）教师对学生的爱

支月英多年来坚持接送每个孩子，关心学生的家庭状况，鼓励学生上学读书；积极创新教学方法，关注学习效率；驻守大山深处，托起山区教育的希望。热爱学生是她对角色之爱的真实体现，是她热爱教育的真实体现。对学生的爱就是对未来的爱，对生命的爱。不是因为有希望才坚守，而是因为坚守才有希望。

教师爱生命，不仅要爱自己的生命，而且要爱他人的生命，并且，这种爱最终指向他人、成就他人。与教师这一职业紧密相连的就是学生。教师爱学生是爱角色的必然构成，是教师无私奉献、全身心投入的前提。这种真正的不求索取、只管耕耘的无私奉献，既伴随着教育者的全部职业生涯，也伴随着受教育者的全部学习过程。[1]教师对学生之爱变成教师生命中的一种常态，就会对学生生命的成长和心灵的塑造产生不可估量的作用，无形中为学生营造健康、和谐、平和并且充满温度的学习环境和学习氛围，使学生更加舒适地成长。

值得注意的是，教师爱学生，应当"唤起他（她）的生命和增强他（她）的生命力"[2]，而非压制和束缚。压制和束缚只会"扼杀"学生，使学生的生命变得麻木。

三、实现教师的生命价值

▶ 生命叙事　4-3

一辈子做教师，一辈子学做教师

于漪，这是一个在谈到新中国语文教育思想变革时不得不提的名字，也是无数中国教师心中的偶像。68 年的从教生涯，于漪用"站上讲台就是生命在歌唱"的精神走出了自己的语文教学之路。她提出的"教文育人""德智融合"等主张在全国产生了重大影响，她被誉为"育人是一代师表，教改是一面旗帜"。

在她教过的学生中，有人在毕业十几年、几十年后，还能整段背出她当时在课堂上讲过的话；在她带教过的老师里，有人为了"抢"到前排座位听她上课，竟不惜专门配副眼镜，冒充近视眼……

在她看来，语文不仅是教学生理解和运用语言文字，而且是在建设他们的精神家园，塑造其灵魂。进入 21 世纪，于漪提出语文学科要"德智融合"，即充分挖掘学科内在的育人价值，将其与知识传授能力的培养相融合，真正将立德树人落实到学科主渠道、课堂主阵地，加强教师的育德能力。

她认为，一名好老师，就要有能力走进学生的生活世界和心灵世界。"教育绝不能高高在上，一定要'目中有人'。"走进学生的内心，是为了点亮一盏明灯。教师的工作应该是"双重奏"，不仅要奏响中国特色教育的"交响曲"，还要引领学生走一条正确、健康的人生路。

---

① 朱小蔓：《教育的问题与挑战：思想的回应》，21 页，南京，南京师范大学出版社，2000。
② ［美］埃里希·弗罗姆：《占有还是生存》，关山译，50 页，北京，生活·读书·新知三联书店，1989。

"庸医杀人不用刀，教师教学出了错，就像庸医一样，是在误人子弟。"于漪告诉青年教师，最重要的是在实践中不断攀登。这种攀登不只是教育技巧的提升，更是人生态度、情感世界的升华。在她的发掘和培育下，一批批青年教师脱颖而出，形成了"特级教师"团队。

退休后她逐字逐句审阅了 12 个年级的上海语文教材和教参。至今，她有时上午要听 4 节课，下午开展说课、评课。

于漪有句名言："一辈子做教师，一辈子学做教师。"

（整理自中国青年网、四川西部教育研究院）

于漪，江苏镇江人，长期从事中学语文教学，形成了独特的教学风格，代表作品有《于漪语文教育论集》《于漪文集》等。

1978 年获全国首批特级教师，先后荣获"上海市劳动模范""全国先进工作者""全国三八红旗手""全国教书育人楷模"等称号。2018 年获上海市教育事业杰出贡献奖，被授予"改革先锋"称号。2018 年 12 月 18 日，党中央、国务院授予于漪同志"改革先锋"称号，为其颁授"改革先锋"奖章，称其为"基础教育改革的优秀教师代表"。2019 年 9 月 17 日，习近平总书记签署主席令，授予于漪"人民教育家"国家荣誉称号。9 月 25 日，被评为"最美奋斗者"。

叙事之问　于漪老师取得了骄人成绩，被誉为"育人是一代师表，教改是一面旗帜"。她虽已年过 90，但依然深耕在基础教育改革的最前沿。是什么支撑她如此投入教育事业的？是什么助她取得如此成就的？

叙事之思　纵有诸多缘由，最为根本的是于漪老师对生命的热爱。正是这种对生命的爱，激励着她的成长和工作。爱生命，对教师生命成长至关重要。教师爱生命能起到"润物细无声"的作用。细节中藏有爱，生活中才会充满惊喜和感动。教师爱生命意味着不断追求更优质的自己，以阳光、正向、积极、乐观的生命态度去生活；追求生命自我完善，在现实生活中呈现个体生命的最佳状态。

（一）爱生命是成为优质自己的内生动力

于漪老师年过 90 依然笔耕不辍，不断创造自己生命与存在的价值，达到一种不断塑造自我的生活状态。她身上闪耀着一位教育工作者不忘初心、不辱使命的精神光芒，这是对生命的热爱与追求。她以自身为标杆，不仅影响了一代又一代年轻教师，而且影响了一代又一代学生。正如于老师曾经说过的一句话："一辈子做教师，一辈子学做教师。"

教师爱生命是促进教师个体生命健康成长的基石。存在主义认为，通过对自我与存在的思考，我们会体验到自我的存在是独一无二的；通过对自身存在的认识与觉知，人成为自身本质的创造者。由此可见，教师爱生命给予教师反省自身生命存在状态的能力，提醒教师关注自己生命的纯真状态，体会生命的独特性和自主性，不断追求优质的自己。教师只有由觉知到肯定自己的生命存在，由自觉、自主到自由地发展、塑造自己的生命存在样态，才能创造自己生命与存在的价值，才能在现实中获得生命健康成长的动力。[①]

（二）爱生命是教师专业发展的原动力

于漪老师以庸医做比，不断鞭策自己，鞭策其他教师。教师的影响，尤其是在基础教育阶段产生的影响是不可估量的。因此，教师应当不断提高专业素养，不断在实践和研究过程中反思、纠错，实现内在的自我提升和超越。

教师爱生命可以唤醒教师的生命意识。教师如果缺乏生命意识，没有对自我生命价值的追求，就不会主动在教育实践中学习、研究、实践、反思，改进自己的教育行为；就不会具有发展的内驱力，主动地在自己的职业生活中充实自我，提升与超越自我。教师爱生命，能够帮助教师唤醒灵魂，反观自己的生命状态，寻找适合自己的专业成长之路。[②]

教师爱生命可以促进教师突破"例行公事"，创造性地开展教育教学工作。教师只有成为自觉创造自身职业生命的主体，成为充满生命活力的自我生命意识觉醒主体，才能真正摆脱职业倦怠与职业枯竭感，才能对教育世界有更为丰富、系统和深刻的认识[③]，才能发挥创造性、更新教学方法、反思教学实践、充实教学内容、享受教学生活。

（三）爱生命是促进学生生命健康成长的高维正能量

教师对生命的热爱是学生健康成长的"阳光雨露"。研究表明，教师之爱，首先能够激发学生对教师的爱心，然后通过情感方面的正迁移作用，发展学生对同学、对家人、对人类、对班级、对学校、对社会的爱心。[④]罗森塔尔和雅克布森（1968）的实验表明，教师之爱通过友善的态度、亲近的言行、期望的表情等传达给学生，对学生的智力发展、学业成绩的提高都有明显的积极影响。

教师爱生命是教育爱生发的源泉，通过生发教育爱来促进学生的生命成长。当教师自爱成为教师自身的一种生命状态时，教育爱便会产生；当教师自爱的观念深入内心时，教师自爱就赋予了教育爱的能量；教育爱在教师日常教育实践中发挥作用时，就会对学生生命的健康成长产生促进作用。作为教育过程的参与者，自爱的教师具有良好的德性和品质，会在无形中营造健康、宽容、充满爱的氛围，使学生在其中更惬意地成长。[⑤]

[①] 刘慧、马雪莉：《教师自爱及其生命价值探析》，载《中国德育》，2017（19）。
[②] 刘慧、马雪莉：《教师自爱及其生命价值探析》，载《中国德育》，2017（19）。
[③] 刘慧、马雪莉：《教师自爱及其生命价值探析》，载《中国德育》，2017（19）。
[④] 朱小蔓等：《教育职场：教师的道德成长》，59页，北京，教育科学出版社，2004。
[⑤] 刘慧、马雪莉：《教师自爱及其生命价值探析》，载《中国德育》，2017（19）。

> 📖 资料卡片
>
> 　　不能把小孩子的精神世界变成单纯学习知识。如果我们力求使儿童的全部精神力量都专注到功课上去，他的生活就会变得不堪忍受。他不仅应该是一个学生，而且首先应该是一个有多方面兴趣、要求和愿望的人。
>
> ——苏霍姆林斯基

第二节　爱自己：追求优质自己

　　教师爱自己就要追求优质自己。爱自己，首先要认识自己，这是扮演好教师角色的基础，体现了教师生命的个体性特点；其次要热爱自己的角色，这体现了教师生命的关系性特点；最后要追求优质的自己，不断优化生命样态，这体现了教师生命的整体性特点。

一、爱自己，就要认识自己

▶ 生命叙事　4-4

大师季羡林

　　北京大学流传着一件趣事。20世纪70年代，一位考取北京大学的新生前来报到，扛着大包小包到处跑，好不容易找到报到处，注册、分宿舍、领钥匙、买饭票……手忙脚乱中，恰巧一位老者经过。这位老者提着塑料兜，神态从容，看上去不忙。新生以为是保安，便把行李交给老者看管。老者也不拒绝，欣然答应。新生便自个忙去了，忙完时已过正午，新生突然想起自己的行李还在老者那儿，一路狂奔过去，发现老者竟然还在原地。天气很热，老者竟坐在原地从容地看书。

　　次日，开学典礼，新生赫然发现，那个给他看行李的老者竟然坐在主席台上，是鼎鼎有名的副校长——季羡林。

　　2001年11月19日，北京大钟寺，零度以下，北风肆虐。季羡林先生的一名中年学生对着永乐钟上铭刻的梵文做学术讲解。学生足足花了十年的时间，将大钟上的铭文考释得一清二楚。对于学生的汗水和付出，季羡林心知肚明。

　　两个多小时的学术报告，季羡林一直坐在台下，顶着寒风，不动声色，认真听讲。那时他已90高龄，身患重病。事后，有人对季羡林说："就算是为学生站台助威，也没有必要在那里冻两小时呀。"季羡林说："有必要！因为他讲的有些新东西，我还不了解。"

晚年的季羡林"三辞桂冠":一辞"国学大师"。先生说:"环顾左右,朋友中国学基础胜于自己者,大有人在。在这样的情况下,我竟独占'国学大师'的尊号,岂不折煞老身。"二辞"学界泰斗"。先生这样说:"这样的人,滔滔天下皆是也。但是,现在却偏偏把我'打'成泰斗。我这个泰斗又从哪里讲起呢?"三辞"国宝"。对于此,先生说:"是不是因为中国只有一个季羡林,所以他就成为'宝'。但是,中国的赵一钱二孙三李四等等,等等,也都只有一个,难道中国能有13亿'国宝'吗?"先生说:"三项桂冠一摘,还了我一个自由自在身。身上的泡沫洗掉了,露出了真面目,皆大欢喜。"

（整理自孔国庆:《儒家经典成语故事启示录》,2018 年）

季羡林(1911—2009),字希逋,又字齐奘,著名东方学大师、语言学家、文学家、教育家和社会活动家,历任北京大学副校长、中国社会科学院南亚研究所所长,北京大学终身教授。

早年留学国外,通英文、德文、梵文、巴利文,能阅俄文、法文,尤精于吐火罗文(当代世界上分布区域最广的语系——印欧语系中的一种独立语言)。"梵学、佛学、吐火罗文研究并举,中国文学、比较文学、文艺理论研究齐飞。"其著作汇编成《季羡林文集》,共 24 卷。

🔍 叙事之问

季羡林身上具有大学者、大智慧的光芒。他为人师表,其身上呈现的清晰的自我定位、平和谦卑的生命样态、坚持终身学习的进取精神等,为我们新一代教师带来了怎样的思考?

💡 叙事之思

第一,认识自己是"谁"。

作为教师,首先要清楚一个问题:我是谁。对个体生命来说,"我"是"我自己",有独立的思想和独立的人格,不同个体有不同的生命轨迹和生活方式。在生命的视域下,成为自己是指成为独一无二的自己,是自己生命潜能不断挖掘的过程,包括成为"生命所是"的自己和"生命所能是"的自己。[①]从社会关系来说,教师是十分重要的社会角色,承担着教书育人的使命和职责,对社会具有重要意义。教师需要正确认识自己:教师并不是教育的工具,而是一个鲜活的、有创造性的、能够在教育中完成专业成长的生命主体。教师只有认清自己,更好地规划自己的事业和生活,才能更好地发挥个人的主体性、能动性。

---

① 刘慧:《生命德育论》,128 页,北京,人民教育出版社,2005。

师德"智慧"

> 如果你不能成为大道，那就当一条小路；如果你不能成为太阳，那就当一颗星星。决定成败的不适你尺寸的大小——而在做一个最了解的你。
>
> ——道格拉斯·玛拉赫

第二，认识自己的需要与愿望。

教师要认识自己的需要与愿望。需要"是人的本性，是人作为人的目的与生活目的的展开"，既是个体生命内在规定性的显现，又是个体生命在生成过程中要适应生存环境的反映，是遗传与环境共同运作的产物。需要是个体生命成长的动力、原理。正如埃莉奥诺拉·马西尼曾指出："需要是以人的生理的、心理的、精神的因素为基础的，在这样的意义上需要是原理：它们是人的发展借以展开的路线。"[①] 愿望是在需要的基础上生发出的更高层次的生命需求。认识自己的需要与愿望可以帮助教师做好职业定位与规划。

第三，认识自己的优势潜能。

认识自己的潜能，然后成为自己，这可以被看作我们每个人的今天与未来。未来的自己孕育在今天的自己之中，但不等于今天的自己，而是对今天的自己的超越。生命是开放性与封闭性、确定性与非确定性共存的物质。对每个人而言，他在生命成长过程中具有多种可能性，不是一成不变的，这就是生命的潜能。个体生命受遗传、环境等诸因素的影响，成为怎样的自己具有一定的选择性。每个人的先天脑里都铭刻着某种优秀的才能，只要导引出来，任何人都可以成为天才。[②] 每个人的生命中都蕴藏着巨大的优势潜能。是否能够发现并且运用自己的优势潜能，通过努力成为优质的自己，对一个人的未来与人生有重大影响。

二、爱自己，就要热爱自己的角色

▶ 生命叙事 4-5

小笃老师的时光日记
——一位教师妈妈写给女儿和学生的一封信

只有母亲和孩子真正分享过心跳。今天，你在肚子里第一次踢我，似乎在向我问好。从这一刻起，我才发现，原来世间最珍贵的东西除了阳光、空气，还有你的心跳……

[①] 刘慧：《关注小学儿童的需要：教育学的视角》，载《湖南师范大学教育科学学报》，2013（5）。
[②] 刘慧：《从小培养孩子追求"成为优质自己"》，载《家庭教育》，2017（6）。

从少女到肚子渐渐变大的妈妈，我的学生见证了我改变的全过程。我在课间的时候开始偷偷地观察班里每一个孩子的模样，幻想着自己的孩子。随着肚子慢慢变大，母性温柔的基因莫名其妙地一点一点被激发和放大。我开始学会心平气和、温柔细语地向班里的孩子讲故事。对于曾经让我抓狂的孩子们叽叽喳喳和大哭大笑的声音，我竟然觉得是世上最可爱的音乐。我甚至想好好珍藏和守护这随心畅快的表达。

宝贝，你知道吗？现在的你像个闪闪发光的小太阳，你的世界里丝毫没有刻意和伪装的痕迹。你对世界的一切都充满好奇。你是拥抱专家，毫不吝啬你那小小的却热烈的怀抱。你晃晃悠悠地傻笑着朝我跑来，扑进我的怀里。那一刻，似乎一切辛苦和烦恼都消失了。

是你让我学会蹲下身子倾听、拥抱每一个学生。今天，班里的两个孩子吵起来了。我和往常一样，生气地把他们叫到办公室。可是，我突然想到，如果你和小朋友打闹，作为妈妈，我该如何解决。

我离开座位，蹲下身来，让他们告诉我事情的经过。我还没说什么，他们讲着讲着，一个孩子已经说出了"对不起，我不是故意的"，另一个孩子也说出了"没关系，我原谅你了"。原来在孩子的世界里，一切都是这样的简单。他们爱吵闹，也很容易和好；他们会害羞，也很容易交到朋友。

爱要慢慢来，花会自己开。就像河流改变山川一样，对待班里的孩子我多了一分耐心和平和。我细心地挖掘每一个孩子的闪光点：这个害羞的孩子今天第一次举手回答问题，无论回答得如何，这个动作就值得表扬，摸摸孩子的头，给他一个微笑的鼓励；这个字迹潦草的孩子今天作业写得十分工整，或许是他妈妈开始关心他的作业了，赶紧给孩子点个大大的赞，给家长打个电话，表扬孩子的进步，感谢家长的支持……我逐渐理解了那句"每一个孩子都是一个家庭的全部"。当了妈妈后，我逐渐理解了家长的焦虑和不安，收起所有的不耐烦，学会了将心比心地耐心沟通。

（整理自《中国教育报》2018年5月13日）

💡**叙事之问**　小笃老师身上都兼具哪些角色呢？她是怎样理解自己的角色的，又是怎样平衡不同角色之间的关系的？

💡**叙事之思**　第一，认识自己的多重角色。

角色表示人在一定社会关系中所处的地位和所起的作用，是人生命存在的体现方式。每一个角色都有其要承担的责任。履行角色责任，是个体生命的应尽义务。角色一方面体现着人的个体价值，另一方面体现着人的社会价值。人是通过角色实现与他人联系的，社会学将这种具有一定社会地位或身份的人所应有的行为模式称为社会角色。对一个人而言，对生命负责，不仅包括对自己的生命负责，也包括承担角色责任。每一个个体生命在社会中都承担着多重角色。[1]

个体必然会在家庭中承担着一定的家庭角色，如父母、子女、爱人等；个体也在社会中承担社会角色，如教师、警察、医生等。准确认识并理解自己的多重角色，有助于个人快速定位、快速成长。对不同角色的认同和热爱，有助于个人完成职业规划，平衡角色关系，承担好角色责任。对角色的认同感并不完全来源于社会关系与他人的反馈，更多来源于对自我角色定位的认知和思考。

教师作为发展中的人，其本身就是一个动态平衡的系统，除了作为家庭中的一分子，还承担社会角色。教师的社会角色是人类道德修养和文化科学知识的传播者与继承者，是"人类灵魂的工程师"，承担着教书育人、培养下一代的历史使命。教师认识并理解自己角色的重要性，可以无形中规范自身的行为，不断提升个人思想道德修养和专业知识素养。

第二，承担好角色责任。

责任是职责和任务。在社会生活中，每种角色往往都意味着一种责任。责任产生于社会关系中的相互承诺。若没有事先的承诺，就没有责任。责任也是履行诺言，或是给予他人承诺。[2]责任有多层含义，主要包括两类：一是因角色、承诺、过失而承担的义务、后果，属于外界赋予个体的外在责任；二是对他人需要的反映，是由个体内在产生并且不受外界影响的内在责任。[3]

生命的存在、成长、价值实现都离不开责任。没有负责任的生命，是很难担负起生命存在、成长与价值实现之重任的。从纵向看，人的一生会不断变换角色；从横向看，人在不同的场合扮演着不同的角色。角色责任具有较强的约束力。对一个人而言，对生命负责，不仅包括自己的生命负责，也包括承担角色责任。每一个个体生命都应努力成长为负责任的生命，对生命负责。[4]负责任的生命承担着一些基本的、共同的责任，如保护生命；出于社会责任，还必须承担好社会角色赋予的使命。

例如，作为教师，除了承担个体成长的内在责任外，还需要承担家庭责任和社会责任。教师除了在课堂内教书育人，在课堂之外也会无形中影响学生的言行举止、道德情操。教师在教学过程中释放出的热情与温暖，可以为学生营造积极、安全的气氛，从而感染学生、温暖学生，使学生在获得快乐的同时不知不觉地吸收教师的生命正能量。教师承担角色责任的最重要表现就是不断反思与改进教学行为，做文化的传播者、生命的引路人。教师的教学内容给予学

---

[1]　刘慧：《生命教育导论》，121 页，北京，人民教育出版社，2014。

[2]　[西]埃斯特维·普约尔·庞斯：《20 个影响孩子发展的价值观》，6~7 页，南昌，江西美术出版社，2008。

[3]　刘慧：《生命教育导论》，115 页，北京，人民教育出版社，2014。

[4]　同上。

生充足的成长营养，教师的教学行为可以影响学生的行为养成。

第三，处理好角色关系。

任何一个个体都面临着多种角色并存的现状，这是个体生活在社会中的常态。不同的角色之间并非"相安无事"，而是总会出现各种可能的冲突。只是有的冲突小，经过简单调和即可解决；有的冲突激烈，甚至会影响个体的成长和选择。处理好角色之间的关系，使各角色之间达到平衡，需要一定的生活智慧。

首先，按照价值进行先后排序，个体总是趋向最有利的发展状态的。因此当角色冲突激烈的时候，个体就会不自觉地按照价值高低进行排列选择。其次，当精力无法兼顾时，个体需要按照轻重缓急安排时间先后，兼顾利益，解决不同角色带来的冲突与矛盾。最后，个体应时刻注意进行角色转换，将心比心地把自己置换到相应的角色位置，思考如何选择才是最好的。

📗 资料卡片

你若把你的生命放在学生的生命里，把你和你的学生的生命放在大众的生命里，这才算是尽了教师的天职。

我们要把自己的生命，放在大众的生命里，个人的生命才有意义。唯有把自己的生命放在大众的生命里，个人才不会死！

——陶行知

教师面临各种关系，如教师和学生的关系、教师和家长的关系、教师和家庭的关系、教师和社会的关系等，需要同时承担多重角色。在教育过程中，教师是否可以妥善处理各种关系决定教师的教育活动能否有效展开。其中，最重要的是妥善处理教师与学生的关系。学生是具有超越性的受教育者。在师生互动的具体教育场景中，学生常常会变为"非受教育者"，甚至有可能充当"教育者"。师生之间已由静态的"师教生学"关系转变为动态的"共生互学"关系。[①]

在教育教学过程中，"去中心化"已经将教师抽离了课堂中心的位置。教师不是教室的中心，也不是教学活动的中心，而是在整个教学过程中起着穿针引线的作用。教师的权威不是体现为压制和领导，而是体现为感召和协调。教师的权威需要靠教师自身的人格魅力、思想内涵和处事方式建立。"权威不再是超越性的、外在的，而成为共有的、对话性的。"[②]

---

① 吴康宁：《学生仅仅是"受教育者"吗？——兼谈师生关系观的转换》，载《教育研究》2003（4）。
② [美] 小威廉姆·E. 多尔：《后现代课程观》，王红宇译，6页，北京，教育科学出版社，2000。

教师在工作过程中，要妥善处理自我与工作、家庭与工作的关系。面对现实生活中的许多压力与不如意，具有良好的自我调节的意识与能力是当代人生存与发展的重要条件。"大多数教师或多或少模糊地感到他们的工作是一个无底洞……比起律师或医生来，教师常感到自己的工作要更多地耗损心力……因为他们的工作似乎永远不会了结，永远看不到尽头。"[①] 作为教师，面对学生的各种状况，更应善于调控自己的情绪。一方面，教师职业角色要求教师不能把不良的情绪带入职场，影响正常的教育教学活动；另一方面，教师的示范性要求教师面对各种情境能够保持平和的心态，成为学生心理健康成长的榜样。

教师对学生进行心灵的启迪和人格的塑造，这种成就感是无穷的。教师要在工作中学会释放和自我减压，真正享受教育带来的蜕变和感动，悦享生命，乐享生活。

三、爱自己，就要追求优质自己

▶ 生命叙事 4-6

新的高度永远在前面

李吉林在中国小学教育领域中是一面独特的"旗帜"。自 1956 年担任小学教师以来，她花费了近半个世纪的时间探索小学教育的改革路径。1978 年开始，李吉林积极探索情境教学，以勤勉踏实的工作态度为我国小学教育奉献了素有"中国特色原创的教育思想流派"美誉的情境教育模式，创立了"情境教学""情境教育""情境课程"，构建了情境教育的理论框架和操作体系，这些成为我国素质教育的重要模式。

青年时代的李吉林，多才多艺，酷爱读书。她虽然因为贫寒放弃了报考大学的机会，但没有放弃对知识的追求。李吉林借来了大学教材，在女师附小里念起了属于自己的大学。之后，李吉林数年如一日，勤学不辍，厚积薄发，为迎接教育教学改革的"春天"做了充分的知识准备和理论准备。

李吉林在大量实践中不断提出问题、超越自己，将情境教育不断推向前。多年来，她几乎将寒暑假、节假日都用在学习与研究上。她说："我只是把别人用来休闲、旅游的时间用上。"除了理论研究上取得了卓越成就，李吉林始终作为一名奋斗在一线的小学教师为情境教学实践付出辛勤与汗水。为了孩子，年过半百的李吉林还在严冬里苦学不辍，在酷暑中笔耕不息。半个世纪以来，李吉林没有抱怨，没有邀功，自始至终只有那一句质朴的期望："我一直有一个非常简单而朴素的愿望，那就是希望情境教育能够走向大众。"

李吉林说："教师应该是思想者。""为了儿童，我在漫漫求索中创新。"她在花甲之年仍然热

---

① ［德］第斯多惠：《德国教师培养指南》，袁一安译，28 页，北京，人民教育出版社，1990。

心于对年轻一代教师的辅导。一批优秀的青年教师在她的悉心指导下，不断实践情境教学，将情境教学继续发扬光大。

（整理自中国教育在线）

李吉林（1938—2019），中共党员，1956年毕业于江苏省南通女子师范学校，毕业后任教于南通师范第二附属小学，儿童教育家、情境教育创始人。

李吉林因在教育教学理论研究等方面有突出贡献，曾被国务院授予"全国先进工作者""全国劳模""全国三八红旗手""全国五一劳动奖章"等称号。2014年，李吉林获得全国首届"基础教育国家级教学成果"特等奖第一名。

叙事之问　　李吉林为小学教育思考与实践了一生。晚年她也仅仅谦虚地表示："我只是为中国素质教育的全面发展蹚出了一条小路。"激励李吉林不断前行的动力，是李吉林曾经书写过的一句话：新的高度永远在前面。在此过程中，李吉林是如何不断优化自己生命样态，实现个人的生命价值的呢？

叙事之思　　教师爱自己，就要不断努力，成为优质的自己。从个体生命的角度看，一个人的生命价值在于成为他自己。在此过程中，成为优质的自己是人自身价值的实现。

（一）何谓优质的自己

所谓优质的自己，是指个体生命之道及所处环境所允许的最佳的自己。其特点是能从自己的生命本身出发，珍惜和利用自己的生命资源，滋养生命，保持自身生命内在的一贯性，创造性地适应生存环境，不断超越自己。优质的自己既是"生命所是"的自己，也是"生命所能是"的自己，是"生命所是"的自己与"生命所能是"的自己相统一的多种可能中的最佳状态的自己。[1]

教师是人类灵魂的工程师，担负着引领人、教育人、影响人的重要使命。在教育教学的过程中，教师能够成为优质的自己，既是立己，也是立人。优质的自己必然是在多种关系中得以实现的，其中最为主要的关系是"人—人"的关系。对于教师，优质的自己必须在"教师—学生"的关系中实现。在教学过程中，知识若不保持更新，总有一天"教学能量"会枯竭。只有保持知识更新，才能在成就自己的同时成就他人。

对教师而言，优质的自己在职场中的具体体现就是成为卓越教师。卓越教师是以学生为本的教师，其最高发展水平是教育家，这也是优质的自己的最高体现形式。成为卓越教师，不仅是

---

[1] 刘慧：《生命德育论》，128页，北京，人民教育出版社，2005。

立己的自我价值要求，也是立人的社会价值要求。

资料卡片

习近平总书记曾说："一个人遇到好老师是人生的幸运，一个学校拥有好老师是学校的光荣，一个民族源源不断涌现出一批又一批好老师则是民族的希望。"

——2014 年 9 月 10 日，习近平总书记同北京师范大学师生代表座谈时的讲话

（二）发挥生命优势潜能

伊斯雷尔·谢弗勒认为，潜能具有三重含义：一是作为形成中的可能性的潜能，二是作为形成中的倾向性的潜能，三是作为形成中的能动性的潜能。实现潜能需要适宜的环境、充足的资源、恰当的方法、一定量的知识等。因此，我们一定要努力为生命创设能够将可能性的潜能转化为现实的条件。对于个人而言，潜能的实现还需要个人有效地和自由地实践，即无论外在条件多么重要，潜能的实现最终还是个体生命自我建构和实践发展的过程。因此，一个人能否形成某一特征，取决于他自己。他要具备有效地选择形成这一特征的能力、方法和技巧。潜能的显现除了受到自身遗传特质与外在环境的影响外，还受到个体生命自身能动性的影响，这是因为生命本身是有情感与智慧的。[1]

教师发掘自身的潜能，是不断成为优质的自己的内在动力，是优化生命形态的路径，也是增强自身教学能力的需求。教师必须在教学体验中挖掘自己的生命潜能。真正的教育从来不是为生命设置限制，而是不断挖掘生命潜能，拓宽人生的广度，鼓励学生追寻美好、创造未来。

（三）优化生命样态

教师优化生命样态是基于生命的整体性特点的。教师优化生命样态是不断追寻生命之真善美的过程。教师对教育的认知和解读，对待学生的态度和方式，对学生的行为方式具有潜移默化的影响。一位精神富足、生活积极向上的教师，一定是能够感知幸福、追求美好的教师。心中有爱、相信生命的教师才可以教育出富有爱心的学生。斯宾塞指出："'野蛮产生野蛮，仁爱产生仁爱'，这就是真理。"[2] 对待学生没有同情心，学生就变得没有同情心。以应有的仁爱之心对待他们是培养他们的情感的手段。

优化生命样态需要教师坚持终身学习。20 世纪 70 年代，联合国教科文组织在《学会生存——教育世界的今天和明天》中特别强调了两个基本概念，即终身教育和学习化社会，提出"每个人必须终身继续不断地学习，终身教育是学习化社会的基石"[3]。信息化时代背景下社会瞬息万变，全球教育处在一个"深度混沌期"。信息海量涌流需要我们时刻保持学习的姿态，不断面对新的

---

[1]　刘慧：《生命教育导论》，63 页，北京，人民教育出版社，2014。

[2]　[英] 赫伯特·斯宾塞：《斯宾塞的快乐教育》，霍莹莹译，54 页，北京，商务印书馆国际有限公司，2017。

[3]　刘慧：《生命教育导论》，22 页，北京，人民教育出版社，2014。

课题和挑战，厘清和重构深层逻辑。每个生命都是一个通过不断汲取外部能量来维持甚至扩展其有序结构的系统。当机体进入一种不再受外部流入的能量支持的状态时，它的所有系统就会崩溃，导致死亡。[①]教师的终身学习也是高质量教育的基本要求。教师应在实践中不断追求优质的自己，成为"生命所是"和"生命所能是"相统一的自己，达到理想的生命状态。

三重生态圆融互摄是优化生命样态的有效途径。它有效融通师生、生生、亲子之间的关系以及人与人、人与自然和人与其身心的关系，自觉实现体验活动与深度理论阐释的有机结合、理论工作者与一线教师零距离对话、室内体验与户外亲验活动有机结合。导引者和体验者一起感动生命，发挥生态智慧，优化行动方式。在三重生态圆融互摄的状态下，教育回归生活世界，感动生命。

第三节　爱学生：助力学生变好

爱学生就要帮助学生不断变好，这是师德的焦点和目标。每个学生都蕴藏着巨大的潜能。教师应当主动积极地去发现学生的潜能，在生活中留心学生的点滴，对每个学生抱以耐心和鼓励。教师爱学生，会给予学生极大的信心，鼓励学生不断尝试，赋予学生试错的机会，引导学生从尝试中吸取经验教训，从而使学生发挥优势、健康成长。简言之，爱学生就要帮助学生形成良好品质，帮助学生养成良好行为习惯，助力学生生命健康成长。

一、爱学生，就要帮助学生形成好品质

▶ 生命叙事　4-7

一件小事影响我一生 [②]

我是一个非常幸运的人，求学过程中遇到了几位令人敬仰的老师。其中，教育改革家魏书生是我八年级时的班主任。他给我的影响很多，也很深。最令我难忘的一件事是，当时我在班里做学生干部，班里有一位女同学经常"挑衅"我，我心里很不舒服，虽不想和她对抗，但也不想事情就这样。于是，我就把这件事情婉转地向魏老师说了。说完之后，我就站在那里等待着，等待着他批评我也好，帮助我也好。但他只是看了我一眼，然后就说了一句："嗨，大事清醒点，小事糊涂点。"说完转身就走了。当时我就傻了——这算是批评我呢，还是帮助我呢？什么叫"大事清醒点，小事糊涂点"？经过许久，我才明白这句话的意思。这句话也成为我一生的座右铭。每当我心烦、难过的时候，我都会问自己，这是大事还是小事呢？大事，要清醒了；小事，就糊涂点呗。这让我的人生过得很轻松。

---

① [美] 弗里德里希·克拉默：《混沌与秩序——生物系统的复杂结构》，柯志阳、吴彤译，21 页，上海，上海科技教育出版社，2010。
② 刘慧在初二时经历的真实事情。

教育回答	问：魏老师你好，你说一个优秀的班主任应该具备进入学生心灵的本领，这个本领怎样才能具备？ 答：我个人觉得全面理解和比较深层次地把握学生的心灵世界，经常用自己的心态和学生的心态去比较，设身处地站在学生的角度，或把学生放在自己的角度，这样去思考问题，自己的心和学生的心就最大限度地统一起来。

叙事之问　　这是作者在七年级时的亲身经历。教师应如何对待学生成长中的烦恼，如何在生活与学习中帮助学生形成良好品德，怎样才能成为学生生命健康成长的指导者和引路人？

叙事之思　　这个故事很好地诠释了教师对学生品德形成与发展的影响。魏书生老师的做法给处于困扰中的学生以指导，使学生受用终生，实现了作为学生生命健康成长的引路人的价值。其实，每个人在生命成长中都会遇到这样或那样的困扰。这些困扰在人生旅途中可能是一件小事，但在年少时就可能是一件大事，靠自己有限的精力和经验无法解决，需要得到教师的帮助。作为教师，在职场中都会遇到这样或那样的情况，帮助学生走出困境是非常重要的。

（一）学校之中，惟以成德为事

品德，也称德性或品性，是个体依据一定的道德行为准则行动时所表现出来的稳固的倾向与特征。品德就其实质来说，是道德价值和道德规范在个体身上内化的产物。从其对个体的功能来说，如同智力是个体智慧行为的内部调节机制一样，品德是个体社会行为的内部调节机制。[①]个体的品德修养不仅对个体健康成长产生重要作用，而且会影响社会的稳定和价值观念走向。正如西田几多郎说的："个人的善是最重要的，是其他一切善的基础。"[②]

学校教育是培养学生良好品德的重要场域，教师在其中担任着重要角色。明代理学家王守仁在《答顾东桥书》中言："学校之中，惟以成德为事，而才能之异，或有长于礼乐，长于政教，长于水土播植者，则就其成德，而因使益精其能于学校之中。"意思是学校教育中，养成品德为最重要的事情；至于才能的差异，有的人擅长礼乐，有的人擅长政治教化，有的人擅长农业活动。王守仁的这一观点充分说明了学校对学生品德养成的重要意义。

（二）培养良好品德

基于中外倡导的美德与价值观，结合教育部对小学生的教育要求，《小学生品德发展与道德教育》一书中提出了当代小学生应具有的十一个美好品德，并将基本美德分为三类。

一是永恒的根基性美德：爱、智慧。

---

① 莫雷：《教育心理学》，225 页，北京，教育科学出版社，2007。
② ［日］西田几多郎：《善的研究》，何倩译，139 页，北京，商务印书馆，2017。

二是传统的经典性美德：诚信、勤俭、自律。

三是凸显的时代性美德：责任、尊重、规则、公正、宽容、合作。[①]

其中，爱为美德之首，没有爱，就很难有其他的美德。而且"如果爱不是在童年就播撒在我们的心田中，在日后的岁月里就难以指望获得丰厚的收成"[②]。故教师应着重于培养学生的美德，借助学生生活中的各种事件与境遇，帮助学生在体验中培养美德。

> **资料卡片**
>
> ### 六大"核心美德"的基本含义
>
> 节制——诸如自我控制和节俭等优点
>
> 勇气——勇敢和坚持的优点，面对内外阻碍时它们有助于我们实现目标
>
> 人道——善良和爱的优点：关爱他人，友善待人
>
> 正义——公正和公民意识：有助于集体生活
>
> 智慧——开放的心态，热爱学习，有助于知识的获取和运用
>
> 超越——敬畏和精神力量，它可使我们与更大的宇宙相连，提供生命的意义
>
> ——塞缪斯·巴伦德斯

（三）营造充满爱的教育环境

> **师德"智慧"**
>
> 教育就是激发生命，充实生命，协助孩子们用自己的力量生存下去，并帮助他们发展这种精神。
>
> ——蒙台梭利

爱是人类的基本需要，是个体对人或事物深厚真挚的情感，反映了个体与人或事物之间的亲密关系，是人类共通的情感，是推动社会进步、和谐发展的重要动因。[③]教师要努力为学生的成长营造一个充满爱的教育环境，让爱影响爱，让心温暖心，让温暖传递温暖，以爱育爱。

罗素在《教育与美好的生活》中指出："凡是教师缺乏爱的地方，无论品格还是智慧都不能充分地或自由的发展。"教师要充满爱，要爱生活、爱自己、爱学生，为学生营造一个充满爱的环境，让爱浸润每个学生的心田，将爱学生转化成一种习惯、一种天赋。教育就是要让每个学生都可以触碰到老师的手，并且能够感受到老师的手是温热的。

---

① 刘慧、李敏：《小学生品德发展与道德教育》，59～60页，北京，高等教育出版社，2015。

② [美]安东尼·华尔士：《爱的科学》，郭斌、李文译，333页，北京，团结出版社，1999。

③ 刘慧、李敏：《小学生品德发展与道德教育》，63页，北京，高等教育出版社，2015。

二、爱学生，就要帮助学生养成好习惯

▶ 生命叙事　4-8

您认为最重要的东西是在哪里学到的

1978 年，75 位诺贝尔奖获得者在巴黎聚会。人们对诺贝尔奖获得者非常崇敬。有个记者问其中一位："在您的一生里，您认为最重要的东西是在哪所大学、哪个实验室里学到的呢？"

这位白发苍苍的诺贝尔奖获得者平静地回答："是在幼儿园。"

记者感到非常惊奇，又问道："为什么是在幼儿园呢？您认为您在幼儿园里学到了什么呢？"

诺贝尔奖获得者微笑着平静地回答："在幼儿园里，我学会了很多很多。比如，把自己的东西分一半给小伙伴；不是自己的东西不要拿；东西要放整齐；饭前要洗手；午饭后要休息；做了错事要表示歉意；学习要多思考，要仔细观察大自然。我认为，我学到的全部东西就是这些。"

所有在场的人都对这位诺贝尔奖获得者的回答报以热烈的掌声。

✑ 叙事之问　　　习惯对于一个人而言意味着什么？习惯是何时养成的？教师要注重培养学生的哪些习惯？为什么说爱学生就要帮助学生形成好习惯？

☀ 叙事之思　　　故事中的诺贝尔奖获得者认为最重要的知识是在幼儿园学到的，在幼儿园学到的是一种良好的习惯和品质。研究表明，3~12 岁是人形成良好行为习惯的关键期。12 岁之后许多习惯基本形成，再想改变就比较困难了。因此，幼儿园和小学期间培养儿童的良好习惯至关重要。

（一）好习惯成就人生

📖 资料卡片

习惯真是一种顽强而巨大的力量，它可以主宰人生。因此，人自幼就应该通过完善的教育去建立一种良好的习惯。

——培根

"习惯"在《现代汉语词典》（第 7 版）中的一种解释为："在长时期里逐渐养成的、一时不容易改变的行为、倾向或社会风尚。"良好的行为习惯是一个人成功的基石，甚至可以直接决定个体的学习效率和学习成果。我们经常将"细节决定成败"挂于嘴边，其实成败就藏在细节所体

现出的个人习惯中。习惯是个体自我要求的体现，是一种严格的自律和慎独。良好的习惯体现了个体对自我的要求，个体在习惯形成中不断优化自我、突破自我。优秀是一种习惯。

（二）小学生应养成的良好习惯

小学生应养成哪些良好习惯？《小学生守则》是中国小学生的行为准则和道德规范。《小学生日常行为规范》是在此基础上制定而成的，是国家对小学生日常行为的最基本的要求。《小学生守则》规定小学生需要遵守的行为准则包括：爱党爱国爱人民，好学多问肯钻研，勤劳笃行乐奉献，明礼守法讲美德，孝亲尊师善待人，诚实守信有担当，自强自律健身心，珍爱生命保安全，勤俭节约护家园。《小学生日常行为规范》包含的良好行为习惯内容更为细致，除《小学生守则》中规定的内容外，还包括：爱惜粮食、水电、用品和公物，养成勤俭节约品质；衣着整洁，养成良好生活习惯；虚心学习，养成良好学习习惯；遵守公共秩序，养成良好公共行为习惯。

（三）如何帮助学生养成良好习惯

我国教育家叶圣陶先生曾经说过："什么是教育？简单一句话，就是要养成习惯。"[①] 叶圣陶强调习惯养成的重要性，强调教育的目的就是要帮助学生培养习惯。他认为："我们在学校里受教育，目的在养成习惯，增强能力。我们离开了学校，仍然要从种种方面受教育，并且要自我教育，目的还是在养成习惯，增强能力。习惯越自然越好，能力越增强越好。"[②] 为此，教师爱学生，就要将帮助学生养成好习惯作为重要的任务，不断提升这方面的意识与能力。

首先，教师应规范自己的行为，对学生起到榜样的作用。儿童时期，模仿是一种重要的学习方式。儿童会不自觉地模仿大人的行为，对好坏的分辨不清晰。久而久之，儿童形成了最初的行为方式，也就是养成了某种固定的行为习惯。因此，教师要规范言行，以高标准要求、规范日常言行，无论在课堂内外，都要注重自己的言谈举止。

其次，从点滴小事做起，从身边触手可及的细节做起，帮助学生养成良好行为习惯。戴尔·卡耐基曾说："最重要的就是不要去看远方模糊的，而是要做手边清楚的事。"[③] 教师要有能力敏锐地从细节中发现学生的不良习惯，加以指正和正向引导。

最后，陪伴学生共同成长。爱学生，就要关心学生的成长状态，师生相伴，共同成长。面对学生的好习惯，教师应多加鼓励，在日常生活中留心观察，是否好习惯可以真正长久有效地陪伴学生成长；面对学生的坏习惯，应多加纠正引导，并且在此过程中，应不断反思自身，规范自身。

---

① 邱济隆：《名校教育管理工作漫谈》，108 页，天津，天津教育出版社，2011。
② 朱永新：《叶圣陶教育名篇选》，153 页，北京，人民教育出版社，2014。
③ ［美］戴尔·卡耐基：《卡耐基情绪管理书》，52 页，成都，天地出版社，2016。

三、爱学生，就要助力学生生命健康成长

▶ 生命叙事　4-9

我陪着你们长大 ①

"有困难找宋老师，没困难制造困难也要找宋老师。"这是我常常和学生开玩笑的话，不经意中传递给学生的是轻松的师生关系。学生会感受到老师是自己可以信赖的人。班会课上，我让学生写写心里话，希望他们告诉我真实的想法与困惑。我告诉他们："我要给部分同学回信；另一部分同学，我会面对面交谈。"学生充满期待。当我一一打开那些心里话的时候，我看到的是积极的、真实的表达，感受到的是幼小的心灵里纯洁的困惑。

班里有一个女孩的爷爷去世了，给我写了信。可是我犹豫了很久，不知道该怎么安慰这个孩子。当我无意间读到绘本《獾的礼物》时，我突然明白应该怎样给她回信了。在我的鼓励与安慰下，小姑娘慢慢好起来，并且和我越来越亲密，甚至问我："老师，你有烦恼吗？我可以帮助你。"生命与生命的交融，是多么美妙的事情。

一个小男孩告诉我，他不爱做操。我告诉他："那你调查一下，并查阅资料，找到不爱做操的依据，你给大家开一场班会，题目就叫'我不爱做操'。如果成功了，我就免你做操。"他兴奋地采访，记录，查资料……半个月后，他告诉我："老师，我没法开班会了。因为网上的资料全是写作操的好处的。"我仍然鼓励他从积极的角度完成班会设计。他从写稿到编小品再到正式开班会，准备了近两个月。那是学生自己的班会，也是我看到笑声最多、参与最积极的班会。当然，班会的最后，我们加上了标点符号，变为"我，不！爱做操！"

💡 叙事之问　　　　一位教师如何才能促进学生变好？叙事中的宋老师关注到了学生哪些问题，是怎么做的？其结果如何？

🔆 叙事之思　　　　"时刻走在寻找解决难题的路上，是生命教育的浸润，让我受到更多的启发。我陪着学生慢慢长大，也让自己的生命价值之光照耀孩子们成长的路。"这是宋老师学期总结中的一段话。可见，作为一名教师，要助力学生生命健康成长，首先要使自己的生命健康成长，要接受生命教育，对生命有深刻的认识与理解，在此基础上才能真正关注学生的生命需要，帮助他们健康成长。

（一）儿童生命健康成长是本

儿童是天生的哲学家，他们对生命问题的思考并不像成人想象得那么复杂。帮助儿童正确了解、理解生命，为他们提供生命之爱，培养他们热爱生命之情与行，是为他们一生的幸福奠

---

① 作者为宋丽荣，北京市海淀区中关村第二小学教师。

基。①因此，作为教师，一定要关注学生的生命健康，并且为学生的生命健康成长助力。

教师爱学生，不仅应该关注学生的身体健康，还应关注学生的心理健康，要引导学生学会爱自己。个体生命的健康成长离不开对自身需要的认识、理解与满足，这就需要教育的帮助。因此，教师首先应该关注学生的身体健康和生命安全。

（二）关注学生生命健康

从一定意义上讲，儿童的身体就是儿童的全部。儿童首先是以身体感受世界的。小学教师对儿童的身体关注与否，是教师是否以学生生命为本的标志。也就是说，教师对学生的关爱要落实于对学生生命的关爱上。记得在 2000 年，我们对某市一所小学进行有关生命的问卷调查，其中一道题是"老师是否爱你的生命，请给出实例"。一位小学生的回答是"否"，给出的实例为："有一天，我生病了，向老师请假去医院，老师给我假了，可我回来后，老师连问都不问。"可见，当儿童的身体出现不适时，教师若没有给予他问候、呵护，他就会认为教师不爱他的生命。所以，教师一定要意识到身体对儿童的重要性，在与儿童交往中，应将儿童的身体状况放在心上，关爱儿童的生命。可以说，教师在教育场景中，最重要的是爱儿童的生命，关注儿童的生命状态，读懂儿童的生命需要与表达。

儿童的快乐在于做自己——做自己想做的事、感兴趣的事、能做的事。哪怕在成人看来再无趣、再无意义、再不可能，儿童也乐在其中。因为儿童活动的结果不是目的，过程就是目的。在这个过程中，教师应当关注学生的生命状态以及心理健康，从儿童的视角出发感知生活、体验生命，不排斥、不否定每一个天真的想法，因为这是儿童最初探索世界的方式和内容，其中充满了新奇和快乐。

> **📖 资料卡片**
>
> 《国家中长期教育改革和发展规划纲要（2010—2020 年）》明确提出，教育要"关心每个学生，促进每个学生主动地、生动活泼地发展，尊重教育规律和学生身心发展规律，为学生提供适合的教育"。

（三）遵循学生生命之道

教师要助力学生生命健康成长，并非随心所欲，而是要以学生生命为本，遵循学生生命之道，关注学生生命需要。

为此，教师要回到儿童生命、生活之中，正确认识与理解儿童。所谓回到儿童生命之中，主要是回到儿童的生命需要、儿童的天性和儿童生命发育特性之中。回到儿童的生活之中，就是要回到儿童的生活环境和生活经验、感受与体验之中。②为儿童提供生命之爱，就是要理解、关

---

① 刘慧：《生命教育为健康成长奠基》，载《博览群书》，2011（6）。
② 刘慧：《基于儿童生命的小学教育之思》，载《当代教育科学》，2012（18）。

注、尊重儿童，与儿童建立良性交流关系。在良性交流中，儿童获得他人的理解、关注、尊重，获得生命健康成长的能量。①

教师应善于运用适合学生的方式助力其健康成长。除了日常的、成熟的教育教学方式外，这里强调两种方式：游戏和研学。

游戏是学生喜闻乐见的方式。有研究指出，游戏（玩耍）从两个主要方面满足儿童对新体验的需要：使儿童认识到他所生活的世界，使儿童认识到并且能正确处理矛盾着的复杂情感，即用被允许的想象来压倒现实和逻辑。②

研学是一种新兴的体验式学习方式。教育部规定，中小学生研学旅行是由教育部门和学校有计划地组织安排，通过集体旅行、集中食宿方式开展的研究性学习和旅行体验相结合的校外教育活动，是学校教育和校外教育衔接的创新形式，是教育教学的重要内容，是综合实践育人的有效途径。长期以来，我们对学生进行的是知识教育，强调知识、理性，远离了生活和实践，忽视了情感，闭锁了心智。③因此，让体验成为学生学习的过程和方式，有着重要的价值。新课程改革倡导体验，把体验作为一种学习的过程和方式，让学生通过体验来经历学习过程和知识形成过程，丰富情感和经验，增长见识见闻，学会主动学习。

【关键词图示】

请提炼出本章的关键词，并选择一两个关键词进行阐释，或用实例分析，并将关键词绘制成思维导图。

【故事写作】

请查阅资料，收集关于教师关爱学生或者教师个人成长的故事，并仿照本章写出叙事之问与叙事之思。

【理论探索】

结合本章内容，谈谈你对教师爱生命三重体现的理解。你认为教师有哪几种角色，应当如何平衡各种角色之间的关系呢？

【推荐读物】

1.［美］埃里希·弗罗姆.占有还是生存[M].关山，译.北京：生活·读书·新知三联书店，1989.

2.雅斯贝尔斯.什么是教育[M].邹进，译.北京：生活·读书·新知三联书店，1991.

3.刘慧.生命德育论[M].北京：人民教育出版社，2005.

---

① 刘慧：《生命教育为健康成长奠基》，载《博览群书》，2011（6）。
② 刘慧：《关注小学儿童的需要：教育学的视角》，载《湖南师范大学教育科学学报》，2013（5）。
③ 刘惊铎：《从生态体验角度看研学旅行的育人价值》，载《人民政协报》，2018-08-01。

5

第五章

以终为始，陶己育人

【核心观点】

★立德树人是教师的初心与使命。教师要不忘初心，以终为始。

★教书育人是教师的天职。教师必须遵循教育规律，因材施教。

★为人师表是教师职业的内在要求。教师必须严于律己，以身作则，以自己的人格魅力和学识魅力影响学生。

★教师必须树立终身学习理念，潜心钻研业务，勇于探索创新。

第一节　不忘初心，以终为始

每位教师都有自己的从教初心。立德树人是教育的根本任务，也是所有教师的初心所在。教师在从教生涯中，无论怎样，都应不忘初心，不断提升个人修养，助力学生生命健康成长。

一、坚守初心，立德树人

▶ 生命叙事　5-1

我为什么愿意教书[①]

我爱读书，我读书的时候并没有想过教书。教书之后，我才发现学生心灵世界的广阔。面对当时的斗争，我深深感到悲哀而又无可奈何。于是，我便决心在学生的心田开辟一片"绿地"，播撒真善美的"种子"。

我想，这个世界上，如果由于自己的存在而多了一颗真诚、善良、美好的心灵，那我便获得了生存的幸福，有了一分生存的价值。我一直认为，人活在世上，能不能幸福，最主要的是有没有一颗好心。心情好，穷点、富点，轻点、重点，寿命长点、短点，他都能坦然无愧、豁然大度地对待一切，从而活得心安、活得幸福。人活着，对他人、对世界有没有益处，有没有贡献，最主要的也在于他有没有一颗好心。心情好了，那么体力强点、弱点，才能大点、小点，他都能尽心竭力地为他人、为世界做好事。反过来，心情不好，就不好办。他自己活得太累、太麻烦，别人也会由于他的存在而累、而麻烦。教师显然是最有利于培养真诚、善良、美好心灵的职业，于是我便迷恋上了教书。

为了教书，我放弃过招工进城的机会；为了教书，我到工厂工作的第一天便向领导提出回学校的要求；即使被确定为工厂领导接班人，我仍一遍一遍地申请当教师。经过长达6年、多达150次的申请后，我终于又当上了一名普通教师。

下面是我从教十二年的简历。

1978年2月，到盘锦盘山县三中做语文教师，半年后被任命为教导处主任。

1979年3月，开始第一轮教学改革实验，成果显著；年底在营口地区语文教研会上宣读论文《作文教学改革》，反映强烈。

1980年，撰写的《思想政治教育与开发智力资源》发表于《辽宁教育》杂志。

1981年，被辽宁省政府授予"优秀班主任"称号，为《文科教学参考》杂志写作专栏文章。

1982年，写了论文《初中"推普"五题》，被中共辽宁省委和省政府授予"劳动模范"称号。

1983年，被教育部、全国教育工会授予"五讲四美、为人师表"先进个人称号，陆续写了《教给差生自学语文的方法》《研究学生心理，提高教学效率》《既教作文，又教做人》《育人先知人》

---

① 魏书生：《魏书生与民主教育》，1~3页，北京，北京师范大学出版社，2006。

《在语文教学中发展学生智力初读》等一系列文章。

1984年，被评为"全国优秀班主任"，获"特级教师"称号。写的文章有《感染熏陶，潜移默化》《我的指导思想》等。辽宁人民出版社出版了《年轻的教育改革家——魏书生》。

1985年，被全国总工会授予"'五一'劳动奖章获得者""全国优秀教育工作者"称号，写了《再谈培养学生自学能力》等文章。

1986年，被任命为盘锦市实验中学校长兼书记，写了《探索新时期理想教育的方法》等文章。

1987年，被国家教委授予"全国青少年德育教育先进工作者"称号，参加党的十三大，写了《寓德育于语文教学之中》等文章。

1988年，被国务院授予"全国劳动模范"称号，写了《学校管理一要民主二要科学》等文章。

1989年，被中共中央组织部、人事部授予"中青年有突出贡献的专家"称号，写了《班级管理要靠民主与科学》《将学生培养成学习的主人》《育人重在培养良好习惯》《教书必须育人》等文章。

1990年，当选"中国十大杰出青年"，写了《教学要民主化、科学化》等文章，第一本专著《语文教学探索》由河南大学出版社出版，第一本主编的书《当代中学生用功术》由辽宁人民出版社出版。

魏书生，当代教育家，是一位有思想力的教育改革者，全国劳动模范，全国中青年有突出贡献的专家，首届中国十大杰出青年。

著作《班主任工作漫谈》等在教师中影响广泛，他的演讲给听者带来生命力量。他用自己的生命与相遇者互动，播撒着真善美的种子。

叙事之问　　魏书生为什么要当教师，是怎么当上教师的？从故事中看，魏书生做教师的初心是什么？他的初心在其教育生涯中是如何体现的？

叙事之思　　魏书生在几十年的教师生涯中，不忘初心，担当使命，形成了自己的教育思想与实践模式，影响了当代中国许多教师。

第一，立德树人是教师初心所在。

从魏书生走上教师岗位的动因看，面对当时的社会现状，他的内心有着强烈的愿望，即"在学生的心田开辟一片'绿地'，播撒真善美的'种子'"。这就是他从教的初心。从他获得的荣誉看，无论是"'五讲四美、为人师表'先进个人""全国优秀教育工作者"，还是"全国劳动模范"等，都是对他教书育人、为人师表的褒奖。他所撰写的文章都是在探索如何"在学生的心田开辟一片'绿地'，播撒真善美的'种子'"，都体现着教书育人。

立德树人是教师的初心所在。《国家中长期教育改革和发展规划纲要（2010—2020 年）》提出把育人为本作为教育工作的根本要求，坚持德育为先、能力为重、全面发展。2014 年，教育部为把党的十八大和十八届三中全会关于立德树人的要求落到实处，充分发挥课程在人才培养中的作用，进一步提升综合育人水平，更好地促进各级各类学校学生全面发展、健康成长，颁发了《关于全面深化课程改革 落实立德树人根本任务的意见》。立德树人是教育的根本任务，也是时代对教师的要求。尤其是党的十九大以来，我国社会主要矛盾已经转化为人民日益增长的美好生活需要和不平衡、不充分的发展之间的矛盾。教育的重要任务是帮助人们过上并享受美好生活，这也是教师的时代责任。

第二，从教初心是教师的生命需要。

魏书生的从教初心不仅是教育的本质所在、社会对教师职业的道德要求所在，而且是他自己的生命需要，是他提升师德水平的内在动力。成为生命需要的师德不会游离于教育教学之外单独存在，而是与教育教学活动共在，并体现于教育教学行为之中的，这一点从他的师德报告中就可以得到证明。1993 年，魏书生在沈阳师范大学做了一场报告。报告题目是《转变观念，做合格教师》。在报告中，他不讲"官话""套话"，而是充满深情地讲述自己的教师生涯，讲述他自己在此期间的酸甜苦辣。在短短的两个半小时的报告中，全场响起了一百多次热烈的掌声。事先，校方领导怕出现尴尬场面，委婉地说："大学生听报告，一般只能坚持两小时。"魏老师说："好，就讲两小时。"时间到了，在学生们的强烈请求下，报告又延长了半小时。他的报告之所以会赢得大学生的强烈反响，其中一个根本原因是，他是在讲自己的教师之路，讲自己对教育、教师、学生的理解，讲自己的思想、行动、经历、体验、感悟，讲自己的生命之旅，因而他的话是令人信服的，他的事迹是能打动人心的。

现实中，一些教师的思维、语言、行为方式等被规范化、固定化、学科化，失去了生命的活力。于是这样的情境在课堂上时有出现：面对学生丰富多彩的心灵世界，富有个性化的、生动形象的、亲切感人的表达，教师的"回声"却很单调、呆板、苍白与公式化。看到学生的作文，一个鲜活的生命跃然纸上，令人兴奋、激动；再看教师的"回声"，很难看到"生命"的存在。这不仅使教师本人失去了魅力，而且降低了教师职业在人心目中的地位。

二、注重修养，提升人格魅力

教师个人修养作为一种重要的教育资源，伴随着教师本人进入职场，潜移默化地影响学生的心灵与行为。

教师与学生打交道有其"道"。一方面，学生在生活中全方位地感受环境、感受教师，教师对待人与事的态度和行为都会潜移默化地影响学生；另一方面，学生在与教师交往的过程中，不同程度地依赖、听从、模仿教师，教师对学生负有保护、监管、示范、引导等责任，这均要求从事教师职业的人必须要有良好的心性、性格、品质等，即良好的个人修养。

在教师职场中，教师不仅用自身的专业知识与能力施教，而且用自身的修养立教。在课堂教学中，虽然知识学习是课堂教学的重要内容，但课堂教学的实质是生命影响生命的活动，教师生命状态本身的示范性远大于教师教学活动本身。

我国历来重视教师的自身修养，强调教师以身作则、为人师表的表率作用。孔子提出"其身正，不令而行，其身不正，虽令不从"；"不能正其身，如正人何？""先自治而后治人之谓大器"等，皆深刻地揭示了教师自身修养的重要的教育价值。《小学教师专业标准（试行）》对教师个人修养做了明确规定。

> 📖 **资料卡片**
>
> **《小学教师专业标准（试行）》之个人修养的基本要求**
>
> 富有爱心、责任心、耐心和细心。
>
> 乐观向上、热情开朗、有亲和力。
>
> 善于自我调节情绪，保持平和心态。
>
> 勤于学习，不断进取。
>
> 衣着整洁得体，语言规范健康，举止文明礼貌。

（一）具有良好品质

教师应具有的良好品质包括两方面的基本要求。一是富有爱心、责任心、耐心和细心，这部分将在下面的内容中论述。二是勤于学习，不断进取。这是生活于今天这个时代的人所必需的品质，是成为一名合格教师的基本素养。只有终身学习，才能不断解决生活与工作中的困难和问题，满足生存和发展的需要，更好地实现自身价值，提高生活质量。教育是培育人的活动，每个人都充满了诸多可能性与不确定性。教师若要走进学生的生命世界，为其人生观的培养提供有效帮助，就必须不断学习，不断进取，提高自身能力。

（二）具有积极性格

一个人的性格是在社会生活中逐渐形成的，同时也受个体生物学因素的影响。人的性格渗透于行为的方方面面，也影响生活的方方面面。性格能最直接地反映出一个人的道德风貌。《小学教师专业标准（试行）》提出教师应"乐观向上、热情开朗、有亲和力"。

乐观是一种良好的心态，具有乐观向上心态的人都很积极，多看生活中阳光的一面，不自寻烦恼。热情开朗之人在待人接物中表现出积极、主动、友好的态度，使人易于接近，易于和他人建立良好的关系。教师乐观向上、热情开朗的性格，更容易让学生亲近，会感染学生，潜移默化地影响学生。教师的亲和力对其与学生建立良好的师生关系非常重要。尤其是对小学生而言，师生关系是小学生步入学校后最为重要的人际关系，与教师交往是他们进入社会的第一步。具有亲和力的教师给人以友好善良、容易交流、心中有他人的感觉，易与学生建立良好的师生关系。

（三）保持健康心态

随着社会文明的不断进步，人们对幸福和健康有了更高的追求。心理健康成为人类健康的重要指标，受到人们越来越多的关注。心理健康之人有着较好的自控能力，且能保持心理上的平衡，能自尊、自爱、自信而且有自知之明。

面对现实生活中的许多压力与不如意，应具有自我调节的意识与能力，这是当代人生存与发展的重要条件。作为教师，面对学生的各种状况，应善于调控自己的情绪。一方面，教师不能把不良的情绪带入职场，影响正常的教育教学活动；另一方面，面对各种情境，教师要保持平和的心态，成为学生健康成长的榜样。

三、为使学生变好，不断改变自己

▶ 生命叙事　5-2

老师的启示 [1]

许多年前，汤普逊老师对她五年级的学生说她会平等地爱每个孩子！但这是不可能的，因为前排坐着泰迪·史塔特，这是一个邋遢、上课不专心的小男孩，事实上，汤普逊老师很喜欢用粗红笔在泰迪的考卷上写不及格！一天，汤普逊老师检视每个学生以前的学习记录表，她意外地发现了泰迪先前老师的评语。一年级老师写道："泰迪是个聪明的孩子，永远面带笑容，他的作业很整洁，他让周围的人很快乐！"二年级老师说："泰迪很优秀，很受同学欢迎，但他的母亲患了绝症，他很担心，家里生活一定不好过！"三年级老师："母亲过世泰迪一定不好过，他很努力表现但父亲总不在意，若再没有改善，他的家庭生活将严重打击泰迪。"四年级老师："泰迪开始退步，对课业提不起兴趣，没有什么朋友，有时在课堂上睡觉。"直到此刻，汤普逊老师才知

---

① 刊首语《老师的启示》，载《世界教育信息》，2007（9）。

道了泰迪的困难，并为自己此前对泰迪的态度深感羞愧。当她收到泰迪的圣诞礼物时更觉得难过，因为别人的礼物用漂亮的缎带和包装纸装饰，泰迪的礼物却用杂货店的牛皮纸袋捆起来。汤普逊老师忍着心酸，当着全班同学的面拆开泰迪的礼物。有的孩子开始嘲笑泰迪的圣诞礼物：一条假钻手环，上面还缺了几颗宝石，另外是一瓶只剩1/4的香水，但是汤普逊老师不但惊呼漂亮，还带上手环，并喷了一些香水在手腕上，其他小朋友全愣住了。放学后泰迪·史塔特留下来对汤普逊老师说："老师，您今天闻起来好像我妈妈！"泰迪离开后，汤普逊老师整整哭了一个小时，从那天起，汤普逊老师开始特别关注泰迪，而泰迪似乎重新活了过来，到了学年尾声，泰迪已经成为班上最聪明的孩子之一。虽然汤普逊老师说过她会平等地爱每一个孩子，但泰迪却是她最喜欢的学生。很多年过去后，他给汤普逊老师写了一封信，信里说他大学毕业后决定继续攻读更高学位，而且不忘他多次所说的，汤普逊老师是他这一生遇到的最棒的老师，而这封信的结尾多了几个字："泰迪·史塔特博士"。该年春天泰迪又给汤普逊老师写了一封信，信中说他遇到生命中的女孩，马上要结婚了，他希望汤普逊老师参加他的婚礼并坐在新郎"母亲"的位置，汤普逊老师完成了泰迪的心愿。但你知道吗？汤普逊老师竟然戴着当年泰迪送的假钻手环，还喷了同一瓶香水，这是泰迪母亲过世前最后用过的香水。他们互相拥抱，史塔特博士悄悄在耳边告诉汤普逊老师："谢谢您相信我，谢谢您让我觉得自己很重要，让我相信我有能力改变自己。"汤普逊老师热泪盈眶地告诉泰迪："泰迪，你错了！是你教导我、让我相信我有能力去改变，直到遇见你，我才知道该怎么教书！"

📖 叙事之问　　　故事中的泰迪在汤普逊老师眼中是一个怎样的学生，汤普逊老师在泰迪的心中是一位怎样的老师，为什么？汤普逊老师对待泰迪的态度与做法转变的"契机"是什么，这个"契机"说明了什么？汤普逊老师从哪儿"转变"到哪儿，这一转变说明了什么？汤普逊老师让你印象最深刻的是什么，为什么？

💡 叙事之思　　　在泰迪心中，汤普逊老师是他遇到的"最棒的老师"。在汤普逊老师的眼中，泰迪起初是一个"问题学生"，经过转变后，成为她"最爱的学生"，也是教会她如何教书的学生，使她相信自己有能力改变的学生。

（一）走出知识本位限制，关注学生生活境遇

面对现实中一个班几十个学生，教师要想做到完全平等地爱每一个学生，实属不易。这其中的一个难点就是，教师有其个人偏好，每个学生都是独一无二的个体，有着自己的个性特点，两者不能完全吻合，有些还会有矛盾、冲突。教师必须对此有清醒的认识，能理性地对待，并有能力解决矛盾、冲突。

故事开头，汤普逊老师以学习成绩为评价指标，不喜欢泰迪。但她"检视"泰迪一年级到四年级的学习记录单后，看到了另一个泰迪，发现了造成泰迪现状的原因。她意识到自己的问题，

并深感羞愧，开始转变：不再教"书"，不再教阅读，不再教写作，不再教数学……而是开始教育学生。她的转变也带来了学生的转变。可见，教师跳出知识本位的限制，回到学生生命本身，关注学生生活境遇，才能与学生"共舞"。

（二）从否定到肯定，为学生生命成长注入正能量

学生生命具有很强的可塑性和诸多可能性。学生在成长过程中变"坏"或变"好"都是有原因的。无论何种原因，最终均可归为生命能量。当学生生命成长所需的正能量充足时，他们就向"好"的方面发展，反之亦然。

那么学生生命成长所需能量从何而来？除了家庭之外，重要的就是学校。教师在教育教学中对学生的关注、肯定、鼓励、信任、期待等都是在向学生传递他们生命成长所需的正能量，满足他们生命成长的需要。

学生生命成长需要肯定、鼓励、信任。这些需要得到满足后，学生生命才会向好的方向成长。所以在教育教学中，教师不应以根据客观知识标准来发现、指出、评判学生学习中的缺点、错误为主，而是要关注学生生命状态，读懂学生的内心需要，并为之提供帮助。故事中的汤普逊老师的转变正在于此。她发现泰迪的生活困境后，以怜爱之情、鼓励之行不断向他传递生命正能量，渐渐唤醒了泰迪的上进心、自信心，使他健康成长。

> **名家名言**
>
> 苏霍姆林斯基在《要相信孩子》一书中写道："教育者不应该是一个不动感情的，只按照某种具体抽象公正性的条条办事的审判官。教育者应该是一个活生生的人，一个和孩子们一样对周围事物有喜怒哀乐反应的人。一个真正的教师有时也会因一时不慎而犯急躁。但只要他是出于好心，孩子们是会谅解的。但是孩子们对教师冷若冰霜的、不动感情的态度和冗长的说教，对他们总想站得比孩子们高一头而不为他们的事情动心的态度是从来不谅解的。"

第二节 遵循规律，因材施教

万事万物皆有其规律，认识并顺应规律是各行各业成功的先决条件。若想做一名合格教师，必须遵循教育规律。教育最一般的规律即社会发展和人的发展制约教育发展，教育又促进社会发展和人的发展。作为教育工作者，只有清楚认识时代特性，顺应人的发展规律，因材施教，才能对学生的健康成长起到促进作用。

一、特别的爱给特别的你

▶ 生命叙事 5-3

从"27"到"274"①

我又接了一年级班主任的工作。班上有一位名叫姗姗的女生，是个瘦弱的小姑娘。每次升旗典礼，她站一会儿就喊晕。开学一个月，她大半个月都因为感冒、发烧没来学校。在学校的时候，她也是每天以泪洗面，时不时就会离开座位，哭着对我说"李老师，我有一点想妈妈……"

一天，高年级的学生来班上给学生做识字预测。测字的过程中，姗姗急得直哭……300 字的生字表里，大圈套小圈，会的是 27 个字，少得可怜的 27 个字呀！这和我班的平均识字量 219 相差甚远。之后的两天，姗姗又没到校……

为什么姗姗每天都哭哭啼啼呢？身体弱，焦虑，识字量少，困难重重……我心里嘀咕着，难道仅仅是学习困难吗？突然，我眼前浮现出了一座冰山。孩子的表现都是冰山一角，而亲子关系、依恋方式及家庭教养方式则是海面下的主体。难道，她的亲子关系方面出现问题了？

在家校沟通日，我和姗姗妈妈进行了交流。姗姗在 5 岁半前和外公外婆生活在国外，去年回国，断断续续上了一个月的幼儿园，因为不适应总生病。在这期间，爸爸妈妈经常出差。对于她的学习状况，她妈妈说："没有什么基础，中文说不利索，汉字不认识几个，遇到问题就爱哭鼻子。"结束时，她妈妈拉着我的手说："李老师，我真是焦虑，这些天都睡不好觉，我和她爸这学期还有国家项目要结题，她这学期该不会留级吧……"听到这话，我耐心地安慰她，心中也有了一丝小忐忑……果然是亲子关系出了问题。

原因找到了，如何解决呢？我想家长这学期忙，如果一上来就从家长身上突破可能有困难。迟疑了一下，我有了思路：我先行动起来。

新的一周，我在班级设置了"温馨港湾"。我对姗姗说："可以把你喜欢的玩具带到学校，想妈妈的时候，就抱抱它。"第二天上学，她带来一只小熊。两周过去了，随着课堂内容的丰富，姗姗不怎么离开座位了，也没有再哭着喊着想妈妈了……看着每天都有进步的姗姗，我的内心有了一丝小愉悦。

没过多久，"鱼刺事件"发生了。那一天，姗姗哭丧着脸对我说："李老师，我不能吃东西，我的喉咙痛，里面可能有鱼刺。"我一听，心里一颤，赶紧打电话向家长求证。她妈妈告诉我，在家吃鱼时，不小心卡到了，也看过了，没有鱼刺，可她什么都吃不下。这之后的一周，她因持续发烧都没有到校。后来，她妈妈给我打电话约谈。一见面，她妈妈就焦急地说："李老师，这几天我和她爸爸出差，回来后她都瘦了 6 斤。"啊，6 斤？我听了很心疼姗姗。"那之前不是看过了吗？""嗯，我们确实给她拿着手电筒看了呀！""你们，不是医生吗？""您不知道，她以前也爱说卡鱼刺，但没有这么严重，所以……"

---

① 作者为李宁，清华大学附属小学教师。

听到这里，我似乎有了答案：经常说"卡鱼刺"不正是孩子渴望家长积极关注的表现吗？但她爸爸妈妈却因工作忙而忽略了她的感受。我说出的这个想法，也得到了他们的认同。于是，我说："你们再带姗姗去一次医院，检查和诊断时让她自己和医生说，特别是在医生诊断时。如果医生确认姗姗没有鱼刺，再把她送到学校。"

看医生后，姗姗回到学校。午饭时，我拿出她的诊断书，让她站到讲台上。我向全班同学说："今天姗姗特别了不起，自己去看了医生，并且自己拿到了诊断书。姗姗你告诉大家，医生对你是怎么说的？""我的嗓子里没有鱼刺。"她大声说。"哦，你看自己学会处理问题，多了不起呀。"顿时，班里响起了热烈的鼓励声："嘿嘿，你真棒！嘿嘿，向你学习！"看着姗姗红红的小脸和灿烂的微笑，我又"故弄玄虚"地说："李老师可是有魔法的老师，你们信不信，今天，姗姗一定光盘！"那一天，她真吃完了，还获得了"光盘小明星"的称号。

"鱼刺事件"后，姗姗每天早上都会兴冲冲地到校，去晨练或者去晨读。下课时，她也喜欢围在我的身边。但我想，这样的关系还是不完整的。为了给姗姗营造一个充满爱的氛围，我又开始思考如何让爸爸妈妈更多地参与到姗姗的世界，了解她的学校生活。于是，我建立了"姗姗助力群"。刚开始，我在群内发姗姗在校的表现，家长最初的回复都是"好的，谢谢"。没关系，我自己安慰自己——不怕，家长工作忙，继续发……终于，有一天，微信群里出现了一张妈妈陪伴孩子的照片。看着小小的姗姗脸上露出的微笑，我想这就是妈妈陪伴的效果。

就在充满爱的氛围中，姗姗一天天地变化：每天晨练的队伍中都有她的身影，请假少了，和小伙伴一起参加班级活动多了，找妈妈的时候少了。期末，又一次测字，她的书上全是对勾，她学会了 274 个字。

叙事之问

故事中的小女孩是一个怎样的学生？她身体出现的诸多问题是何原因造成的？故事中的"我"是怎么发现的？这样的发现需要"我"有怎样的意愿与能力？"我"在帮助小女孩转变的过程中都做了哪些工作？

叙事之思

第一，每个学生都有特殊需要。

生命成长是有规律的。每个学生成长都有其自身独特的规律，因而每个学生所需要的帮助也具有一定的独特性。

一年级小学生刚入学时，内心充满了紧张、不安、焦虑。有的适应得快，有的适应得慢。就像每一颗种子都是独特的，每个学生也各不相同。在适应期，总有一些特别的爱，要留给那些特别的"小种子"。故事中的姗姗就是这样一颗"小种子"。

第二，回到学生成长经历中，发现学生的特殊需要。

教师要能回到学生成长经历中，读懂学生的表达，才可能帮助学生走出成长困境。出生于国外、长到五岁才回国生活的小学儿童，有着诸多不适应。在经历了许多"挫败"后，小小的身躯承受了很大的压力，形成了心理阴影。这些阴影转变成了一些身体病状，如头晕、发烧、感冒、卡鱼刺等。姗姗以此来逃避学习困难、学校适应困难等。这是学生成长中自保性的表现，也是学生向成人发出的"求救"信号。父母、教师能否读懂这些，成为能否帮助学生走出困境的关键所在。

教师要善于寻找"关键事件"，注重培育学生的自信心。学生生命健康成长需要获得正能量，这种正能量既来自外部的输入，也来自内部的激活、唤醒。学生需要得到肯定，不仅是他人的肯定，而且是自我肯定。肯定对学生而言，就是为其生命输入正能量。在学校生活中，学生的成功体验有助于学生自我肯定。故事中的"我"恰恰是抓住了"关键事件"，使姗姗对自己有了信心。

第三，家校协同满足学生的特殊需要。

每个学生都是家庭教育的产物。学生健康成长需要父母的陪伴。父母的陪伴缺失，可能导致亲子关系不稳定。学生获得的爱的滋养不足，因而难以从"家庭小世界"勇敢地跨入"学校大世界"。

学生生命健康成长离不开家庭的支撑。教师要助力学生，就必须与家庭联手。如果父母缺乏这方面的意识或能力，教师还需要在此着力。故事中的"我"面对学生的特殊需要，努力地寻找"关键事件"，不停地向学生家长传递爱，致力于家校协同育人，促进学生健康成长。

二、让课堂成为学生体验信任与成功的乐园

▶ 生命叙事 5-4

教室里的臭鸡蛋味儿①

课堂上的臭鸡蛋真是臭极了。只听学生在大声嚷着："老师，快把窗户打开吧，都要被熏晕过去了。"班级演讲活动，为了达到锻炼学生口语表达能力的效果，我提前一个月就将任务布置给学生，提前两星期收集了每个学生的演讲题目，提前一个星期再次提醒学生认真准备。活动开始后，一个又一个的学生演讲结束后，我都给予鼓励、指导。今天轮到了小康同学，结果把大家都熏到了。

小康是一个男孩子，平时少言寡语，与同学交流正常，只是与我这个班主任兼语文老师交流存在障碍。和家长交流后，他们都表示孩子还是很喜欢我的，就是内向，很害羞。这次听家长说，最近一个月他精心准备，每天都在练习，越是临近越是紧张。我也会想是不是我的要求过于严格了。

小康讲的主题是"气味"。因为之前评价的同学说过，有的同学过分依赖幻灯片，要是幻灯

———————
① 作者为王峰，清华大学附属小学教师。

片出了问题就没法讲了。所以在演讲开始时，小康就抛开了幻灯片，只靠语言演讲。理论和例子都详略适当，平时小得不得了的声音，今天格外大。当我和学生都以为他已有了很大的突破时，让我们意想不到的事情发生了。

演讲快要结束时，小康举了一个关于气味的例子。他说："如果你们闻到了臭鸡蛋的味道，你们就知道了。"听到这话，有的学生说"我没闻过，不知道"，有的说"你就吹吧"，还有的说"真的假的？"一时间，小康完全没有了刚才的自信，显得有点窘。我是在此时喊停，还是为他好不容易建立起来的自信而遏制其他学生呢？正在我内心挣扎时，小康用不大的声音说："老师，我带来了一个臭鸡蛋，能打开让同学们闻一闻吗？"这让我很震惊，没有想到他居然有这样的准备。还没等我想好，有的学生兴奋地喊道："老师让他打开，我们验证一下。"有的学生则说："老师，千万别让他打开了，肯定特别臭，一会儿咱们教室就没法待人了。"听了学生们的话，我也不知道该如何是好。但看到小康那期待的眼神，想到他那好不容易建立起来的自信，我不能再犹豫了："打开让同学们闻一闻，咱们也要具有行胜于言的精神呀！"小康受到鼓励后，回到座位快速拿出一个小药瓶，走到讲台旁，又用眼神询问我到底要不要打开。"快打开，让大家闻闻。"我要快速反应，以坚定他的想法。只见他慢慢地打开了瓶盖，一股臭气很快就弥漫了教室……出现了开头一幕。这时小康的眼里有了自信的目光。我在总结时指出他准备认真，演讲形式有新意，以后可以有各种形式等。

大约一个月后，我和小康妈妈进行了一次沟通。他妈妈说孩子最近状态好，是因为在演讲中受到了鼓励。她还说："小康很早就准备了这次演讲，特别重视，而且就要不要带这个臭鸡蛋和我讨论了好几次，最后还是犹豫着带去了，但她也没有想到会是在课堂上让同学们闻。"听了她的话，我很惭愧。作为一名老师，我的出发点只是让学生能够尽情地完成演讲，而且有些许提高。对于小康来说，这次演讲是对他自信心的最好滋养，是他的能力的展现与证明。成功的体验对学生的成长是非常重要的。

叙事之问　　故事中的小康是一个怎样的学生？在演讲中，小康能将臭鸡蛋打开，取决于什么？演讲后，小康发生了怎样的转变，这说明了什么？故事中的"我"是怎样促成小康转变的？

叙事之思　　对学生而言，课堂不只是学习知识的地方，还是得到爱和信任、体验成功与快乐、获得成长的地方。在课堂上，教师要真正重视学生，抛弃那种轻视学生情绪、情感、行为表现的观念与做法，用责任心、细心、关心和耐心对待学生，不论面对有怎样特质的学生，都不应有偏见或不满。

（一）让信任之光照亮学生的自信心

学生能否持之以恒地学习，与教师的信任程度有密切的关系。当学生站起来不能流利地回答问题的时候，教师投去一个期待的目光，说一句信任的话语，帮助他体验一次成功，他在课堂上发言的水平会更高，学习能力会更强。

因此，教师在课堂上要多给学生送去一份信任，培养学生的自信心，促使学生最大限度地发挥积极性和主动性，增强学习的兴趣与自觉性。试想，如果没有这样一次演讲机会，又有谁会知道这样一个内向的男孩子是如此认真地准备，如此富有创造性地展现自己，如此渴望被认可的呢？

（二）用爱呵护学生的自尊心，使之勇敢做自己

苏霍姆林斯基曾说："我们越是深入学生的内心世界，体验他们的思想感情，就越体会到这样一条真理：在影响学生内心世界时，不应该损伤他们心灵中最敏感的一个角落——人的自尊心。"[1]一个学生会因为教师无心的一句肯定的话而变得自信，如故事中的小康。

教师的使命是助学生成人，如果有能力，助学生成才。这里的"才"并不是要求学生成长为样样都强的全才，而是聚焦于某一个或某几个领域，帮助学生发现自己、发展自己。在课堂上，教师要信任、尊重与赏识学生，让学生在集体中也能展现个性。

> 📘 **资料卡片**
>
> 　　每个孩子都是一个潜在的天才儿童，只是经常表现为不同的方式。对于一个孩子的发展最重要、最有用的教育方法是帮助他寻找到一个使他的才能可以尽情施展的地方，在那里他可以满意而能干。
>
> 　　　　　　　　　　　　　　　　　　　　——霍华德·加德纳

（三）尊重学生的学习特点，因材施教

"人与人之间并不存在真正的聪明与否，而是存在每个人的智力强项和弱项不同的问题。"[2]每一个学生都有多项智能，在单项智能上可能有不同表现，不同智能的组合效果也不同。在课堂教学过程中，教师应将学生的多元智能纳入考量之列，尊重每个学生的学习特点，并为其提供恰当有效的方法。

学生学习如同走台阶，每一个学生在不同台阶上，教师要帮助他们再上新台阶。当然，有的学生会快速上升，有的学生会慢一点。这就需要教师尊重与遵循他们的学习节奏和学习轨迹，也就是要因材施教，即针对不同学生的学识能力、个性特点以及兴趣爱好等施以不同的教法，以达到帮助学生成长的目的。在课堂上，教师应以学生为中心，从学生的角度出发，了解学生的需要与期待，尊重学生的学习特点，掌握学生当下的学识水平，为他们再上新台阶创造条件。

---

① ［苏］苏霍姆林斯基：《要相信孩子》，汪彭庚译，3页，北京，教育科学出版社，2009。
② 仝讯、章卫华、兰斌：《促进初中学生学业发展的"三化"式教育方法的研究》，14页，上海，同济大学出版社，2015。

> 📖 **资料卡片**
>
> 　　1983 年，哈佛大学心理学教授霍华德·加德纳提出多元智能理论，打破了长久以来一元智能或二元智能的认知，解答了大众对于偏科或专项特长产生的疑惑。
>
> 　　加德纳将人类的智能类型分成了 8 个种类：音乐智能、肢体动觉智能、数学逻辑智能、语言智能、空间智能、交际智能、内省智能、自然智能。

第三节　严于律己，以身作则

　　为人师表是教师职业的内在要求。教师要坚守高尚情操，知荣明耻，严于律己，以身作则，以自己的人格魅力和学识魅力影响学生。

一、以礼待人

▶ 生命叙事　5-5

你是最好的 [1]

　　两年前，我教过将要离职的学校副校长的女儿。在他临行前的一次教师聚餐后，他的太太拥抱了一下我，把我拉到家中与我交谈。她说："我女儿说你是最好的，经历了这么多老师之后，你是最好的。"我怔住了，突如其来的夸赞让我一时手足无措。她见状，忙解释："我女儿说，你从来不发脾气。她知道你会不高兴，她能看出你伤心，但是，你从来不发火。"话音未落，两个大拇指竖在胸前。

🔍 **叙事之问**　　在学生眼中，什么样的教师是好教师？故事中的"我"为何被学生认为是"最好的"，为什么？教师对学生不发脾气意味着什么？

💡 **叙事之思**　　学生对教师的需求和期待不仅仅是知识层面的，更是修养层面的。教师要为人师表，就必须注重个人修养。不轻易发脾气，就是教师修养的体现，也是学生心中"好教师"的形象。但现实中仍存在靠着批评学生、向学生发脾气、回绝学生的问题等方式来树立教师威严的现象，这是在损毁教师形象。

---

　　[1]　作者为黄莹雪，北京鼎石学校教师。

（一）以礼相待

以礼待人是人与人交往的准则。与学生相处，能以礼相待、不发脾气，是对教师日常言语行为的要求。对教师而言，与学生相处时不发脾气看似简单，实则不易。面对学生的各种状况，尤其是违反课堂纪律、学习成绩不尽如人意、反复教育依旧如此等，教师难免情绪失控。但此时若能控制好情绪，不乱发脾气，而是以礼相待，那么既能体现教师的修养，又能尊重学生人格。

（二）吾日三省吾身

对学生而言，教师具有榜样作用。教师的一言一行、对人对事的态度，都会对学生产生一定的影响。也可以说，教师与学生的行为很多时候互为一面镜子。每日学生在校与教师相处的时间，相较于其在家与父母相伴的时间，几乎是等同的。学生会习得父母的生活方式，也会受教师为人之道的影响。如果教师言行得体、衣着整洁，学生也会慢慢地受其熏陶；如果教师言语粗俗、行为粗暴，学生也会受到影响。故教师应做到"吾日三省吾身"，不断提升个人素养。尤其是对学生的期待与要求，教师要以身作则，首先自己要做到。

二、信守承诺

▶ 生命叙事　5—6

无心的伤害 [1]

一天，我走进教室时，发现小涵歪着头，眼睛斜盯着我。我有些疑惑，但又不想因为他一个人耽误时间，便对全班同学说："请同学们坐好，我们马上要上课了。"其他同学都坐好了，只有他还是无动于衷。我很生气，出于理智，轻声地对他说："小涵，也请你坐好。"但他依然如故，我又重复了一次，可他不仅没有改变，眼神中又增添了些挑衅、敌意……为了不影响其他学生，我开始讲课了。一节课里，我的头脑中始终闪现着他那充满敌意、挑衅的眼神。

终于，下课铃响了，学生陆续走出教室。我快步走到他的身边，他没有丝毫胆怯，敌视的眼神中还夹杂着委屈，好像做错事的是我。"对你今天的表现我很困惑，你能和我谈谈吗？"我的话音刚落，他冲着我大声嚷道："你把我上课看漫画书的事告诉我妈了，你说不告诉家长的，你言而无信，我再也不相信你了！"说完就气冲冲地跑出了教室。

望着他离去的背影，我想起了上周他课上看漫画书的事。英语课上，他将漫画书藏在英语书里看，不认真听英语老师讲课。老师发现后，把漫画书送到我这儿了。不过事后还没等我批评，他就主动承认错误并且说家长对他管得很严，希望我能给他改正错误的机会，不告诉家长。当时我同意了。昨天，他妈妈打电话了解他最近表现，我随口就把这件事也说了。估计他妈妈批评了

---

① 作者为黄莹雪，北京鼎石学校教师。

他。为了证实我的推断，私下我又询问了他妈妈，果然如此。

问题清楚了，虽然我向他解释了不是我刻意去打他的小报告，但无心的举动使他受到了家长批评。他不但没有感受到老师是为了帮他改正不足，反而感受到了老师的欺骗，心灵受到了伤害。

事后，我主动找到小涵，向他承认了自己的错误，并把事情的经过告诉了他，希望他能谅解。也不是求他真的能原谅我，只愿能减轻对他的伤害。这一幕对我是永恒的记忆与警示。

叙事之问 　　课堂上，小涵同学与老师对抗的行为、挑衅与敌视的眼神因何而起？故事中的"我"是怎样处理的？"我"得知了事情原委后，是怎样做的？学生的请求是什么？答应学生的请求后，"我"为何会"食言"？教师与学生家长互动的原则是什么？

叙事之思 　　良好的师生关系是教育的基石，"亲其师，信其道"。建立良好的师生关系，是教师的重要职责，也是衡量教师专业水平的尺度。如何才能建立良好的师生关系？其中，教师信守承诺是非常重要的因素。

（一）克制：面对学生不明真相的"对抗"

课堂上，学生对老师有对抗情绪与行为一定是有原因的，而且很可能是教师在什么方面"对不起"学生了。面对这种情境，当教师还没有时间了解真相时，最明智的做法就是克制。具体而言，教师要克制对立的态度，克制情绪表达，克制偏激的语言，不要引发对抗局面，将精力集中于要进行的事情上；在保持克制的基础上，以尊重为前提，尊重学生的反馈，尊重学生的诉求，学会倾听。

（二）调研：处理"对抗"问题的前提

事后，教师一定要重视这个事件，并拿出足够的时间和精力去处理，不能忽视或无视，否则会在师生之间积累更多的负向情绪或造成彼此疏离。这不仅会影响师生关系，而且会影响学生对本学科的学习、对学校生活的正向体验。

总体而言，学生的内心是单纯的，思维是线性的，善恶标准是绝对的。在学生心中，教师说话是算数的，尤其是自己信任的教师更是如此。食言是师生交往的大忌。故事中的"我"之所以遭受学生的对抗、敌视和挑衅，是因为违背了与学生之间的约定，没有履行对学生的承诺。虽然是"无心之为"，但对学生内心造成了伤害。经过调研，"我"了解了事情的真相，为采取下一步行动提供了方向。

（三）履责：师生之间承诺的必然要求

师生交往中，可能会因某些事件产生约定和承诺，如学生在学校表现不好，学生保证改，但请求教师不要告诉家长，教师答应了，就形成了彼此的约定和承诺。

　　师生之间一旦建立了约定和承诺，就形成了权利义务关系，双方必须遵守或履行其中的约定，这是彼此的责任。无论哪一方违背约定、破坏承诺，都会受到"惩罚"。这种"惩罚"有刚性的，也有柔性的，需要犯错者承担由此而产生的后果。例如，故事中的小涵同学对"我"的态度与做法，可以说是对"我"食言的惩罚。"我"在了解真相后主动道歉，并请求学生原谅是承担后果的必然行动。

　　因此，无论大事小事，师生之间一旦答应彼此的要求，就要认真对待，信守承诺。

师德"智慧"

做学生喜欢的老师的九条策略：

1. 不倒背手；

2. 主动和学生打招呼；

3. 课间尽可能和学生一起玩；

4. 和学生一起演课本剧；

5. 尽量到学生家里走走；

6. 经常讲故事和笑话；

7. 和学生一起做值日；

8. 自己做错了，公开认错；

9. 定期征求学生的意见和建议。

——于永正

三、严谨治学

▶ 生命叙事　5-7

学术诚信"事件"[①]

　　做了多年的学生工作后我逐渐发现，学生进入中学之初，往往会遇到学术诚信问题。于是在开学伊始，我们会使用多种方法告诉学生何为学术诚信，怎样做到学术诚信。

　　学生会学习图书馆课。课上老师会在简单讲明学术诚信的定义后，通过展示一些可能遇到的场景与学生展开讨论与互动，如以下这个场景：

　　你的朋友A和另外两个同班同学在做一项小组作业，A发现一个同学直接从网络上摘抄了一段，将其作为自己的作业，而且没有注明出处。你的朋友过来和你说了这件事，你该如何做？

---

① 此故事来自北京鼎石学校教师黄莹雪的教育经历。

同学们各抒己见，有的同学建议告诉老师；有的同学建议睁一只眼闭一只眼，当做无事发生；还有的同学建议要直接指出同学的错误，不要影响小组成绩。在讨论过程，大家都意识到那个同学做法不恰当。老师借此机会引导学生了解学校相关的规章制度，深入讲解学术诚信的具体要求。

很多时候学生还会提出千奇百怪的问题，如"我的爸爸看我做作业太吃力，于是帮我出了个主意。这算不算学术不诚信？""我做题遇到瓶颈，还可不可以和同学讨论？"此时，老师便可以积极引导学生：和他人相互学习、向他人请教是很正常的学习过程，但是如果最终作业中有他人的成果，需要提及他人以示谢意。

　　叙事之问　　对中小学生需要进行学术诚信教育吗？故事中的讨论是怎样有效展开的？中学阶段的学术诚信教育有何意义？

　　叙事之思　　习近平总书记强调："要营造良好学术环境，弘扬学术道德和科研伦理。"[①] 学术诚信是学术自治范围内的基本规范；换言之，违背了学术诚信的学术行为都是不负责的行为，违背了学术诚信的学术成果都是不可信的。

（一）利用可能遇到的真实场景，与学生讨论学术诚信

对于学生来说，学术规范既是强制的，也是烦琐的。他们可能并不理解注明出处的用意，也可能觉得严格遵照引用格式是件很麻烦的事。面对这种情况，抓住时机，利用学生能够接受的方式施加影响是较有效的策略。

真正让学生接受并主动去遵守学术诚信的动机，并不是源自处罚这样的负向刺激，而是让学生自己接受遵守学术诚信是对的。教师收集的真实案例以及同学在讨论中提出的问题都是非常宝贵的学习材料，都能够引起学生的兴趣。教师应善于抓住这样的时机，通过多种途径及手段，用正向刺激对学生进行学术诚信教育。

（二）端正治学态度，以身示范

诚然，学术规范也许离中小学生还比较远，中小学阶段的学生接触学术的机会少于高校学生，但在现实的学习活动中，他们仍有大量机会进行自主探究，独立发表个人观点。在此过程中，教师应注重培养学生的学术诚信意识，帮助他们树立正确的治学态度，遵守学术诚信规范。

要求学生做到的，教师必须要做到。在教学过程中，教师自身必须遵守学术诚信。例如，注明备课资料的来源，为学生做出示范；在教研过程中，尊重他人的学术见解、实践探索成果，在引用时征得他人同意，并注明出处；等等。学术诚信教育不仅是指向学术的教育，而且是做人的教育。诚信是中华民族的传统美德，是做人的根本。学术诚信是做人诚信的表现。

－－－－－－－－－－
① 习近平：《为建设世界科技强国而奋斗》，载《人民日报》，2016-06-01。

第四节　潜心钻研，勇于探索

新时代对教师有更多、更高的要求。潜心钻研业务，勇于探索创新，是教师终身学习的核心要求与主要体现，是教师应对未来挑战的"法宝"。

一、让爱在作业反馈中流淌

▶ 生命叙事　5-8

笔头"一对一"反馈[①]

对于教学中最常见也最常用的笔头"一对一"反馈，我总结了心得：多打"√"，少打"×"；能加分，不减分；能绿笔，不红笔；"做得好"不少于"需提高"。

多打"√"，少打"×"。对于学生答完的试卷，老师往往都会对的打一个"√"，错的打一个"×"。一个大大的"×"远比一个"√"刺眼得多。"×"多了，学生的信心就没了。所以，我们不妨答对了打"√"，答错了就画一个"？"，意为"请君多思考"。毕竟，我们不是要学生错，而是要学生思考怎样才能不错。

能加分，不减分。一般老师批改时有一个习惯，错一分，就在题号旁边写"−1"。于是乎，学生试卷上会有一些减分，除非这个学生全部正确。久而久之，学生拿到试卷就知道"我又扣了几分"，信心就这样扣着扣着扣没了……所以，我们不妨做一个加法，在学生做对的题号旁边写上得分。毕竟，我们想要学生得到，而不是失去。

能绿笔，不红笔。老师们看到这里，估计会觉得新奇。其实，早几年就有研究，红色墨迹，会令学生感到不安，甚至受到"威胁"。

教师不妨买一支绿笔放在手边，使用绿笔来批改。

学生都是很简单的"小可爱"，他们希望被夸赞、被肯定，而且夸得越具体，他们越高兴，越有信心。他们会或有意识或无意识地强化这一具体优点，最终的结果就是学生进步。这个道理大家肯定不陌生，能否落实到一对一的笔头反馈中呢？

也许有老师会担心：如果不把所有毛病都指出来，学生不知道自己错了，那就无法改正了。这句话听起来有道理，但不得不问一个问题：如果毛病太多，学生改不过来，先改哪一个？所以，每次帮助学生挑出 1~2 个亟须改进的问题，他们改完这 1~2 个后再来改其他的。学习不是急得来的。

小结一下，每次先找出学生做得好的两到三点，然后再指出学生一至两个需改正的问题。

另外，就口头一对一的反馈形式，我有两点建议：一是口头一对一的反馈，不是老师不批改作业的最佳借口；二是给予口头一对一反馈之前，务必做好笔头批改。

---

① 作者为黄莹雪，北京鼎石学校教师。

叙事之问

故事中的"我"总结的教学反馈是什么？教学反馈中的"√"与"×"、"红笔"与"绿笔"、"加分"与"减分"，有何教育学意义？教师用红笔或绿笔批改作业，对学生有不同影响吗？故事中的"我"为什么在批改作业、试卷时不一次将学生所有的错误都指出来，这样合适吗？

叙事之思

在教学当中，反馈这一环节是极为重要的。因为反馈的有效性在一定程度上决定了学生学习的积极性、主动性，也间接地影响了学生学习的最终效果。故事中的"我"总结了自己在教学中有效反馈的一些方法与小技巧。这背后蕴含着教师的反馈艺术。

第一，关注学生内心，在"√"与"×"之间传递真。

教师在批改作业时，使用"√"与"×"、"加分"与"减分"是再正常不过的做法了。但如何写对学生内心的"冲击"是不同的。对学生而言，学习新知，正确掌握与运用，并非易事，需要不断尝试、不断努力。这一过程需要外界能量的注入。教师的评判恰恰是最重要的方面。"√"和"加分"是一种正向的表达，给人以肯定、夸奖，代表着"对"与"增加"，注入的是正能量，可增强学生的自信心；而"×"和"减分"的表达与作用刚好相反。故教师要"多打√，少打×；能加分，不减分"。

第二，关心学生感受，在"红笔"与"绿笔"之间体现爱。

教师用红笔或绿笔做反馈，对学生的感官刺激是不一样的，带给学生的感受也是不同的。对于此，可能一些教师并没有意识到。其实，色彩是有象征寓意的，带给人的不同感受。红色易引起人的注意，也易于使人兴奋、激动、紧张、冲动，还易于造成人视觉疲劳，常用作警告、危险、禁止等；绿色代表安全、平静、舒适之感，传达清爽、理想、希望、生长的意象。故教师在教学反馈时，应关心学生的内心感受，注意颜色给人的影响，在批改作业时，通过不同的色彩传递关爱，促进学生成长。

第三，关照学生的自尊，在"做得好"与"需提高"之间注入正能量。

在批改试卷或作业时，很多教师习惯以指出学生错误为主，告诉学生错在哪里，叮嘱学生不要再错了。这样在卷面上或作业本上呈现的大多是错误方面，会给学生心理带来较大压力。虽然学生的学习过程是纠错的过程，教师的责任是帮助他们纠错，但"自信从扬长开始"。故教师指出错误要顾及学生的心理感受，要在肯定的基础上指出问题，在"做得好"多于"需提高"的作业反馈中传递生命正能量，以助力于学生进步。

当然，在反馈"做得好"时不能简单直白地写"你真棒！""非常好！"，这对学生的进步而言很可能是无济于事的。缺乏针对性的表扬，会使学生以为自己各方面均优秀，压缩了学生进步的空间，故教师应将"做得好"写实、写准、写具体。

📖资料卡片

在我的眼中，全班讲解更像是整节课前一个十分钟的迷你小课堂（mini lesson）。既然面对全班，那么一定是全班都要关注的问题。有三个小原则。

1. 讲解大范围的集体性错误，还有小范围的严重性错误。

学生在听讲时，会不断将自己与老师所讲之间建立联系。教师需要帮助他们把这座"桥"搭起来。学生自然会认真地听，并不断反思，甚至发出感慨："老师讲得好像就是我。"

2. 不能只告诉学生哪里错了，还要告诉学生怎样做才能对。

学生清楚问题所在后，内心自然而然地渴求一种解决方法。此时，教师一定要趁热打铁，给出具有针对性的方法。

3. 指出学生毛病之前，一定要夸一夸他们。

这一点特别重要，没有学生能够接受自己被全面否认。哪怕是接受自己的错误，都需要教师给予接受错误的能量与勇气。这就是来自老师的肯定与夸奖。

——黄莹雪

二、积极创设学校美好生活体验

▶ 生命叙事　5-9

我的班主任工作心得 ①

●在开学前装扮好自己的教室

每一新学期开学前，我都会重新装扮一下教室，让学生感到欣喜，让教室更好地为学生服务。例如，可将教室内的空间分为多个区域：学习区、活动区、展示区、娱乐区、办公区等。活动区可以准备一些教具和材料，如彩笔、海报纸、回收用纸等；展示区可以展示学校的日程安排、单元的计划、学生的作品等，让学生有走进家门的感觉。

●为班级每位学生庆生

开学之初，我会利用班会时间收集每位学生的生日。每个月挑一个时间集中为学生们庆祝一次。庆祝形式可以教师自定，如准备一些小零食，写几张生日卡片或者一起唱一首生日歌等。形式并非是最为重要的，核心目的是让学生清楚地知道老师关爱他们。

●拿起手机记录精彩瞬间

当代手机作为工作和生活的必需品，可以服务于教育教学。每一学年当中，学校内外会上

_____
① 作者为黄莹雪，北京鼎石学校教师。

演丰富多彩的活动。学生作为参与者，享受活动带来的快乐，我会记录这一分快乐。每个大型活动结束后或学年末，我会将照片整理成册或制作成视频，带领学生重拾活动中的成长与快乐。

叙事之问 如何理解学校对学生的意义？如何使学校成为学生美好生活的体验场？教师在此能做什么？

叙事之思 传统的学校以学科学习为主，课余时间也多用于自习、补习。这样的学校仅是一个学科知识的操练场，教师仅是知识的快递员、校验者，学生在学校获得的体验除去练习和考试外所剩无几。一所学校，若被学生带走的只是考试内容，这算不算学校的失败？一名教师，若被学生永恒地冠上了"凶""可怕"等名号，这算不算教师的失败？

（一）学校是学生体验美好生活的地方

学校的主体是学生。学生对于学校的体验应该是美好的，对于教师的感受也应该是美好的。除去学习体验之外，学生应该有更多的美好生活体验。教师的很多行为都可以增加学生对学校生活的美好体验，如故事中的"我"所做的一切：在开学前，一定要装扮好自己的教室；记住学生的生日，在学校为他们集体庆生；用手机记录学生生活中的点点滴滴。这些都有助于学生体验美好的学校生活。

（二）学校美好生活的体验源于需要的满足

学生对教师和学校的需要远大于对知识的需要。学生需要在学校获得个人技能和社会技能；需要在课外活动中发现个人兴趣；需要学校提供机会锻炼个人的领导才能；需要借助学校平台参与校级活动，发现个人的长处，结交志同道合的朋友；需要得到学校的支持，体验截然不同的生活，如参与志愿服务。教师应了解学生的需要，满足学生的需要。

> **师德"智慧"**
>
> 学生每天做到"五个一分钟"：
>
> 每天在家至少做一分钟的家务；
>
> 每天至少写一分钟的日记；
>
> 每天至少唱一分钟的歌曲；
>
> 每天至少练一分钟的踏步走；
>
> 每天至少一分钟的记忆力比赛。
>
> ——魏书生

三、创建师生学习成长共同体

▶ 生命叙事　5-10

如何面对学生的"棘手"问题

　　我之前教过一个学生，她立志要在大学修读哲学专业。后来因工作的关系，我不再担任她的任课老师。学期结束前，我给她推荐了几本哲学史方面的专著，作为入门之用。推荐时，我并没有期待她能认真研读。

　　然而，在暑假期间，我收到了她通过聊天软件发来的一张书页的照片，拍的就是我给她推荐的书目。照片中，她做了很多记录，还把自己的困惑写在了正文旁的空白处。她发照片给我的目的正是希望跟我讨论一下她的疑问。

　　她的问题让我颇感棘手。我虽有自己的解答，但并不知道我的答案是否正确。如果按照传统"授业解惑"的师道尊严，我恐怕只能回答爱莫能助了。但因为是在聊天的语境之中，我反倒能放下包袱，说出自己的想法，并继续追问她的想法。这样的讨论自然是无法得到标准答案的。但不论是作为老师的我，还是作为学生的她，都听到了不同的想法，了解了在不同的视角下对同一个问题的不同思考，都觉得有所收获。

　　就这样，我们的讨论一直保持至今。

💡 叙事之问　　　新时代师生交往有何特点？在人工智能时代，教师职业是否会受到挑战？教师会因有怎样的品质而不可被替代？

🔅 叙事之思　　　时至今日，这一对师生一直保持着这样的对话。这是新时代师生之间教学相长的新样态。

　　第一，互为师生，共同成长。

　　通过这个故事，我们可以清楚了解到，教师承认自己的"无知"并不会降低自身在学生心中的地位。反而，坦诚陈述自己的观点，做学习的引导者，更能够启发学生，激励学生思考，最终收获知识和学生的感激。

　　今天的课堂上，信息不再是单方面由教师输送给学生，而是交互的、共享的，甚至是共同探索创造的；教室不再一味追求安静，而是期待生命的跃动。教师的角色已由教室中的领导人转变为课堂上的参与者，由知识的灌输者转变为学习的促进者。在此过程中，教师与学生互为师生，共同进步。

　　第二，不断提升教师"不可取代"的能力。

　　信息技术时代，仅通过网络检索便可以迅速、直接地获取并掌握知识，这也意味着学生敲击几下键盘便可轻松地获取大量的知识，他们的问题也可以通过网络得到具有针对性的解答。由此而言，科技无疑在一定程度上承担了教师传授知识的职责。

但教师职业是不可取代的。教师的不可取代性主要体现在育人方面。教师与学生之间的交往离不开面对面的互动，依托情感、具有情感的师生交流必须由教师和学生亲自完成。正因此，教师要应对未来人工智能对教师职业的挑战，就要不断提升建立师生良好互动关系的能力，以此促进学生发展，与学生共同成长。

【关键词图示】

请提炼出本章的关键词，并选择一两个关键词进行阐释，或用实例分析，并将关键词绘制成思维导图。

【叙事分析】

您批改得特别认真

藤野先生的故事大家早已耳熟能详，他的辛勤治学给鲁迅先生留下了深刻的印象。对于鲁迅先生的讲义，藤野先生"从头到末，都用红笔添改过了，不但增加了许多脱漏的地方，连文法的错误也都一一订正"。这样的做法一改鲁迅先生对藤野先生"穿衣太模糊"的印象。

当代，很多一线的教育者也秉持认真从教的态度，勤勉地教导学生。

又到了单元中期的评测时间，同头备课的老师们敲定了评测要求和评分细则，并将其以文字的形式呈现在了纸上。学生做到什么程度可以得到什么分数，一目了然。

评测完成，黄老师收上来试卷，一一批改，并为每一个学生打印了评分细则表格，在上面用高光笔画出了学生已经做到的，还在评分表下方写上了学生"做得好"的地方以及"需提高"的地方。为了照顾学生的情绪，"做得好"比"需提高"的数量只多不少。

一个月后家长会召开，几个家长单独和黄老师说："您批改得特别认真！"

作业："认真"是成功的准则，更是做好工作的前提。试分析教师认真态度的意义与价值。

【故事写作】

师德要求教师对工作高度负责，认真备课上课，认真批改作业，认真辅导学生，不得敷衍塞责。

请结合自己的经历，并查阅资料，列举教师认真工作的态度与做法，写出一个真实的故事。

【推荐读物】

1. 朱小蔓等.教育职场：教师的道德成长 [M].北京：教育科学出版社，2004.
2. [美]黄绍裘，[美]黄露丝玛丽.如何成为高效能教师 [M].北京：中国青年出版社，2011.

6

第六章

体验反思，德茂共生

【核心观点】

★体验是师德修养的本体。

★体验是师德修养的必经之路。

★反思是师德修养的关键。

★构建反思性关系：在共生中养德。

第一节 体验反思：师德修养之道

古今中外的师德修养之法众多，其中所蕴含的师德修养之道可以集中概括为体验反思。作为知识渊博、经验丰富的教师，读懂、听懂和知晓师德规范及其体系并不难，难的是在教师职场和日常生活中一以贯之地体认师德、践行师德。

新时代，教师每日承受着工作和生活的双重压力，能够坚持并处处表现出良好的师德样貌格外具有挑战性。经验和实验都证明，教师如果能够在职场和生活实践中科学地坚持体验反思，那么就能有效提升个人的整体道德修养境界和师德修养水平。

什么是体验？什么是反思？怎样进行体验反思？这些是准确理解如何提升师德修养之道需要思考的问题。

一、体验是师德修养的本体

▶ 生命叙事　6-1

好了，从现在起，你是这个学校的学生了 [①]

说完之后，小豆豆绞尽脑汁想啊想，但这回却是真的找不到什么可说的了。小豆豆不禁有些伤心，这时候，校长先生站了起来，用温暖的大手摸摸小豆豆的头，说：

"好了，从现在起，你是这个学校的学生了。"

这个时候，小豆豆感到，生平第一次遇到了真正喜欢自己的人！因为，从小豆豆出生后直到现在，还从来没有一个人这么长时间地听她说话呢。而且，这么长的时间里，校长先生一次也没有打呵欠，一次也没有露出不耐烦的样子。他也像小豆豆那样，把身体向前探出来，专注地听着。

那时小豆豆还不会看时钟，但她也感觉到过了非常长的时间。如果她会看时间的话，一定会更加吃惊，而且会更加感激先生。因为，小豆豆和妈妈到学校的时候是八点钟，在校长办公室说完话，决定小豆豆成为这个学校的学生之后，校长先生看了一下怀表说，"啊，已经是午饭时间啦"。这就是说，先生整整听小豆豆说了四个小时的话。

🔍 叙事之问　　　　　黑柳彻子是日本作家。1984年2月，她被任命为联合国儿童基金会第七位（也是亚洲第一位）亲善大使。"再也没有比她更了解孩子的了！"联合国一位官员如是评价她。《窗边的小豆豆》这本书讲述了作者上小学时的一段真实故事：小豆豆，即作者本人，年少时因淘气被上一所学校开除后，来到巴学园。可以毫不夸张地说，这是一个理想的校园，小豆豆的童年就是在这里度过

---

① [日]黑柳彻子：《窗边的小豆豆》，赵玉皎译，22页，海口，南海出版公司，2003。

的。正是这样一个如梦似幻般的地方，使小豆豆的童年充满了美好韵律。在小林宗作校长的爱护和引导下，她从曾经的"淘气包"，成长为一个可爱、懂事、善良、快乐的好孩子。

通过上面的生命叙事，我们应当特别关注的事实是，在巴学园中，师生从未表现出一丝不耐烦和厌倦。通过师生间发生的事，我们可以看到在这里的所有人都全息沉浸于快乐、幸福之中。那么，为什么在巴学园中师生皆能悦享生命呢？师德是通过什么方式得以升华的呢？

💡 叙事之思

在体验论视域下，巴学园是个体验场域。全体师生共同沉浸在这个场域中，无时无刻不在体验职场或学习的快乐。通过体验，学生得以幸福成长，教师得以修师道而养性。

可以说，体验弥漫在人类生活的每一个角落，是一个人人熟悉却不甚明晰的概念。人人都可以就体验讲出些什么，但难以捕捉其真实的内涵。德国哲学家伽达默尔说："也许我们知道文化和自己息息相关，然而倾自己所知也不见得足以讲出文化是什么。"[1]伽达默尔实际上是在告诉我们，既然和自己息息相关，那么文化及体验就已经在我们的心里，在我们的教育过程和生活之中了。

📘 资料卡片

关于体验的一些解释

《荀子·修身》中说："笃志而体，君子也。"《淮南子·范论训》中说："圣人以身体之。"其中的"体"都是指实行和体验。《现代汉语词典》（第7版）对体验的解释为：通过实践来认识周围的事物；亲身经历。显然体验不仅以身体之，而且以心悟之。伽达默尔也曾给体验下过一个定义："只要某些东西不仅仅被经历了，而且其所经历的存在获得了一个使自身具有永久性意义的铸造，那么这些东西就成了体验。"

上述关于体验的概念还偏于经验化。从生态体验理论的视角审视，体验是一种图景思维活动。在这里，图景是跨时空的整体性存在，包括过去的生态阅历、当下生活场景和未来人生希冀的蓝图。当一个人真正体验的时候，他会领悟到人类语言的匮乏性，找不到语言来表达当前的体验，但头脑中却常常发生活生生的图景思维转换活动。[2]道德体验、师德体验是一种含有价值判断的关系融通性体验。从体验的性质、价值和意义领域看，体验是道德教育的本体，也是师德修养的本体。

---

① 《赞美理论——伽达默尔选集》，夏镇平译，1页，上海，生活·读书·新知三联书店上海分店，1988。
② 刘惊铎：《道德体验引论》，载《陕西师范大学学报（哲学社会科学版）》，2003（1）。

资料卡片

生态体验理论

生态体验理论是中国本土原创的理论体系，得到了海内外学界的广泛认可。党的十九大报告把生态文明提到千年大计的新高度。习近平总书记在党的十九大报告中指出："人与自然是生命共同体，人类必须尊重自然、顺应自然、保护自然。"人与自然和谐共生，是我们必须解决的课题。教育也是如此，要运用元生态、类生态和内生态三重生态圆融互摄的哲学观，自觉反思人类的生产、生活、生存发展过程，系统思考和建构德育的新体系，优化师生的生命生态系统，优化师生生命样态。

其中，元生态体验是体验者在自然中的体验，侧重于对人与大自然之间关系的沉浸感受与领悟；类生态体验侧重于人与人、人与族群、人与文化之间的交流与合作，概括来说就是"处处德育场，人人德行师"；内生态体验是我们自己内心世界的感受和领悟。把领悟的东西内化为自己的思想并外化于行，自觉、圆融地完善自我，是三重生态体验的最高境界。

生态体验理论不再把以立德树人和促成学生德性成长为主要任务的人称为教育者，而称之为导引者；不再把以自己德性成长和思想品德发展为主要目标的人称为受教育者，而称之为体验者。[1]这与保罗·弗雷尔在《不平常的教育思想》中提出的"在传统的驯化教育实践中，教师是学生的教师，学生是教师的学生"大相径庭。如此一来，便从基本范畴上消解了主客二分的知性论道德教育哲学思维方式和外部灌输的道德教育实践样式。这样有利于促成真正的道德体验范式的形成。在这里，导引者首先是体验者，凸显道德教育的主体性、情境性和生成性，可以开放性地从体验活动和体验课程的融合中展开丰富多彩的实践探索。在道德体验中，体验者可达到生态体验的境界。其中，导引者的职责主要是创造机会和条件，诱发和唤醒体验者的道德体验，同时也诱发和唤醒自己的道德体验。确立导引者先受教育并在体验过程中与体验者一起成长的理念，使德育真正转化为内在于体验者和导引者的事物，这样，师德修养就变成了有根的体验（一种有着深厚的生活根基的体验）过程与结果。

在巴学园这样一个生态体验场中，师德修养达到了一种较为理想的境界——师生一起渐次实现性命合一的生命状态，自觉融通三重生态关系，享受充满道德体验意趣的德育过程，并日渐臻于每天诗意地工作、学习和生活，体验一路赏风景、一路欢歌笑语的生命成长境界。

---

① 刘惊铎：《体验：道德教育的本体》，载《教育研究》，2003（2）。

二、体验是师德修养的必经之路

▶ 生命叙事 6-2

做学生的导引者

在我们学校举办的一次生态体验师德陶养活动中，一个环节是由四个小组长进行抽签，抽出的两组成员需要用眼罩将眼睛蒙起来，另外两组成员悄悄来到蒙眼者的身旁带领他们穿越各种障碍，共同完成一段探索生命成长之旅。

在生态体验活动后的开放式对话中，一位年轻的教师激动地拍着大腿说："我现在终于明白了，我们要做学生的导引者，而不是教育者。""他（被蒙住双眼的同事）出现在我的面前时，其实是非常茫然的，非常需要有人拉他一把、帮他一把。其实，在日常教育教学过程中，我们的学生不也是一样的吗？我们就是他们的引路者。我们有责任，也有义务让他们走得更好，倾尽我们的爱，让他们在自觉自愿、苦并快乐的生命体验中走得更远。"

🔍 叙事之问　　这是在一次全国中小学教师培训会议间隙，一位小学教师向与会者讲述的一个教师职场体验的片段。在这个片段中，这位教师顿悟了教师职业的意义和价值。在他的切身体验过程中，师德修养得到了自觉的、深层次的升华。那么，借助什么理论，通过怎样的体验，才能行之有效地引导教师在师德修养的道路上践行师德、善行师德呢？

💡 叙事之思　　如何践行师德、善行师德是新时代我国师德师风建设的重要课题。我们基于国内外40多年的大样本科学实验和现场扎根性研究，通过生态哲学观、德育哲学和实践模式创新，实施了兼具体验性、科学性和艺术性的生态体验模式[①]，即生态体验理论，为切实有效地破解该难题提供了"钥匙"。

📖 资料卡片

生态体验模式

生态体验模式是全息体验、互动滋养、群集共生的模式，是一种回归生态、回归生命、回归生活世界、凸显愉悦体验的教育哲学思想与实践形态。生态体验模式在教育过程中凸显了生态在教育资源开发中的价值，凸显了体验在教育过程和实践效能中的作用。因此，设计、组织和开展好体验活动，是生态体验教育成功的关键。

---

① 刘惊铎、邢丽涛：《研学旅行，让教育充满诗意》，载《中国旅游报》，2018-06-25。

生态体验教育并不排斥传统德育，而是在继承传统德育多种有益探索的基础上强调观念的更新和视界的融合，突出道德教育的主体性、情境性和生成性，走开放式发展道路，创造和丰富能让教师置身当下的道德关系和情境，诱发和唤醒其丰富的道德体验，防止"能说不能做"的现象发生。为此，生态体验教育把有效组织道德实践活动，创设富有感染力的道德关系和情境，诱发和唤醒教师的切身体验作为其实践着力点。[①]事实证明，只有促使教师获得切身体验的东西，才能入脑入心，珍藏久远，有效促进其德性、师德自觉地、可持续地发展。

值得一提的是，在生态体验教育中进行师德培育和陶冶，其主要实践环节是聚焦真问题 + 营造体验场 + 全息沉浸 + 开放式对话 + 反思性表达 + 反思性理论提升 + 实践延伸[②]，即在提升教师师德修养的过程中，通过有生命感动的体验活动和生命阅历，引导教师进行开放式对话，诉说体验活动现场中的真实生命感受；不断激发教师进行道德学习的愿望，把不在场的体验资源调入当场，进行反思性、开放式对话，使教师在探究和自主感悟的过程中不断进入体验之思的道德境界。

生态体验模式下的师德修养课程不再是一种一刀切的"共性化课程"，而是一种生态多样性的"定制化课程""个性化课程"。这样的体验课程"为产生、孕育、期望、赞美非凡觉悟与内部启示的机会提供一种情境"。在这种情境中，教师"首先实实在在地感觉到了自我的存在价值，感觉到了自我理智的力量、情感的满足、意志的独立与自由。其次，还实实在在地感觉到了自我与自然、与社会之间内在的（非工具）、有机的（非机械）联系"[③]。因此，生态体验模式下的师德修养课程是以"教师共同体"的成员共同创造的氛围为特征的，这种氛围使每一个个性得以充分表现。此外，另一个与以往传统的师德培训课程的不同点是，它强调教师群落的生态关系、感知情境、主体情感和生命的"全息认知"。

关于生态体验模式下的师德修养课程，在内容上，要进行升维，从传统的知识、规范层面拓展至知识与规范、实践与体验、信念与责任三维，切实融合于生态体验课程。在时间和空间上，可分为职前培训（包括在师范学校学习和进修）、在职培训和终身学习。在课程分类上，可依据内容，分为三大类：一是必修通识基础课程；二是拓展体验课程；三是专题、特色化课程，尤其是围绕"四有好老师""四个引路人""四个相统一"等开展的专题体验活动。

---

① 刘惊铎：《体验：道德教育的本体》，载《教育研究》，2003（2）。
② 刘惊铎、邢丽涛：《研学旅行，让教育充满诗意》，载《中国旅游报》，2018-06-25。
③ 刘惊铎：《体验：道德教育的本体》，载《教育研究》，2003（2）。

> ### 资料卡片
>
> "四有好老师"是指做有理想信念、有道德情操、有扎实学识、有仁爱之心的好老师。
>
> "四个引路人"是指做学生锤炼品格的引路人，做学生学习知识的引路人，做学生创新思维的引路人，做学生奉献祖国的引路人。
>
> "四个相统一"是指坚持教书和育人相统一，坚持言传和身教相统一，坚持潜心问道和关注社会相统一，坚持学术自由和学术规范相统一。

三、反思是师德修养的关键

▶ 生命叙事　6-3

反思让人顿悟 [①]

在探索与研究中，我喜欢反思，因为反思让我顿悟。作为情境教育的探索者，必须把自己实践中的感受进行系统的理论概括和提升，这是一个艰苦的历程。我知道事物的现象是复杂的，是千差万别的；但是我也懂得规律性的东西都是简明的，因为它概括的是事物的共性。在思考过程中，我亲身经历的一个个教学场景，课堂上孩子们的一阵阵欢声笑语，孩子们的一篇篇观察日记、作文，我的一份份教学设计……都鲜明地在我记忆中复现。我审视着它们，从一个个案例中去粗取精，从感性到理性，从个别到一般，寻找相似的东西进行抽象、概括。相似的集合，就是规律。长期的积淀产生了认识上的飞跃，于是就生成了自己的教育主张和思想。

叙事之问　　上文描述的是李吉林，她"通过不断学习，不断反思，不断对话，不断写作，一辈子只干一件事，干成了一件大事"。那么，在李吉林一生的师德修养之路上，反思起到了怎样的作用？

叙事之思　　反思是李吉林提升师德修养的关键。在长年累月的反思中，她从生活点滴、一个个教学案例中汲取精华，使她的情境教育研究和探索越来越深入，造就了她在认识与思想上的飞跃。她的师德修养也在这一过程中得以升华，并像温暖的阳光浸润着越来越多的教师。

孔子早就提出自省的思想。他的弟子曾参在《论语·学而》中提出了"吾日三省吾身"，告诫人们要反复、持续地反省自己的思想和行为。鲁迅在《写

① 朱小蔓：《与儿童心心相印的教师永远不会被技术所替代》，载《人民教育》，2018（2）。

在〈坟〉后面》说过："我的确时时刻刻解剖别人，然而更多的是无情地解剖自己。"毛泽东在《论联合政府》一文中，把自我批评形象地比喻为"洗脸""扫地"。他说："房子是应该经常打扫的，不打扫就会积满了灰尘；脸是应该经常洗的，不洗也就会灰尘满面。"

"慎独"一词出自《礼记·中庸》："君子戒慎乎其所不睹，恐惧乎其所不闻。莫见乎隐，莫显乎微，故君子慎其独也。"其意为，人在独处或无人注意的时候，也必须谨慎、一丝不苟。习近平总书记在 2017 年 2 月 13 日省部级主要领导干部学习贯彻十八届六中全会精神专题研讨班开班式上发表重要讲话，提出："对领导干部特别是高级干部来说，加强自律关键是在私底下、无人时、细微处能否做到慎独慎微，始终心存敬畏、手握戒尺，增强政治定力、纪律定力、道德定力、抵腐定力，始终不放纵、不越轨、不逾矩。"

除了反省、慎独，反思也有另外一层含义，即向他人学习知识、技能、品性等。《论语·述而》中孔子有言："三人行，必有我师焉。择其善者而从之，其不善者而改之。"教师在实践中要汲取"养料"，提升业务能力和自身师德修养水平，可以向古今中外之大家学习，如向孔子学习"诲人不倦""有教无类"，向王守仁学习"知行合一"，向陶行知学习"生活即教育，社会即学校"，向乌申斯基学习"教师的人格就是教育工作的一切"，向托尔斯泰学习"尊重学生个性、发展学生创造性"思想等，找到自己的榜样和方向；可以组织或加入一个学习团队，积极参加师德修养研讨会，把握学习机会，学会研究，无论是学术研究还是师德研究，以研究支撑自身教育事业的可持续发展，做到终身学习；还可以向自己的学生学习，保持一颗敏感、真挚、善良、勇敢的心，应对、化解生活和工作中的压力与阻碍。

师德修养的关键在于反思，反思的关键在于教师对其立德树人、教书育人、教学管理等经验的反思，即基于一定的价值标准和技术标准的反观、反省。自古以来反思具有重要的意义。它是人们进行道德修养的内在要求，是人们应具备的美德，也是衡量一个人道德觉悟与思想品质的试金石。一名师德高尚的教师，在任何时候都能够以教师职业道德规范为标准，自觉反思自己的行动，坚决杜绝有违师德的事情；而且，在立德树人、教书育人、教学管理的道路上积极反思，能对自己的师德修养提出高标准、严要求，正确认识自己的优缺点，勇于控制自我和战胜自我，在陶养师德的过程中用坚强的意志克服缺点和不良习惯等，对其他教师和学生起到榜样的作用。

资料卡片

　　美国心理学家波斯纳曾对教师成长提出了一个公式：教师成长＝经验＋反思。中国学者林崇德提出"优秀教师＝教学过程＋反思"的成长公式。当代教育家叶澜说过："一个教师写一辈子教案不一定成为名师，如果一个教师写三年的教学反思，有可能成为名师。"布鲁巴奇曾提出反思性教学对教师在职发展的重要作用："让教师以审慎的意志的方式行动"；"把教师作为有教养的人与其他人区别开来，因为它是检验智慧的标志之一"。

　　诸多关于反思对教师成长的思考和案例表明，反思是教师成长的基础，是成为学者型教师的必备能力。是否具有反思力，是经验型教师与学者型教师最显著的区别之一。"反思可以帮助教师从冲动的例行行为中解放出来，批判地审视自己的教学行为、教学程序、教学结果，不断探索与解决自身及教学目的、教学工具等方面的问题。"[①] 在不断反思的过程中，教师成长与师德修养相得益彰，二者通过反思产生"1+1>2"的合力。如此，像李吉林这样德艺双馨的教师才会越来越多，新时代我国师德师风建设才能跃至新的阶段。

　　体验与反思是陶养师德强有力的抓手。捋清二者的关系并激发二者合力的能量，是优化教师生命样态的关键环节，也是提高教师师德修养的重要途径。

师德"智慧"

　　反思昨天，立足今天，把握明天。

第二节　体验与反思：在职场实践中辩证统一

　　"生态体验德育模式的实践魅力显现为震撼心灵、感动生命的魅力德育实践样式，有效唤醒体验者的生态阅历，诱发生命感动，打开生命梦想，激发生态潜能。"[②]

　　生态体验模式之实践展开的线索是"遵循亲验活动、体验在先，诉说性表达分享打开，反思性领悟汇聚和思想智慧提升在后的流程。在课堂教学和主题活动中，进行师生、亲子生态位的优化调整和创新，以自觉超越夸美纽斯班级授课制的传统形态"[③]。把握好体验与反思的关系，能够帮助教师在师德修养的过程中达到事半功倍的效果。

① 赵一梅：《反思，教师专业成长的源泉》，载《教书育人》，2011（1）。
② 刘惊铎：《生态体验德育模式的实践魅力》，载《思想理论教育》，2010（2）。
③ 刘惊铎、姚亚萍：《生态体验模式论》，载《中小学德育》，2013（9）。

一、在体验中反思

▶ 生命叙事 6-4

妈妈，你为什么害怕

几年前的一个暑假，我带着女儿到土耳其费特希耶体验了一次滑翔伞飞行项目。那日天气特别好，碧蓝的大海与天空融为一体，海中的绿色小岛隐隐约约浮现在眼前，让人心旷神怡。然而，当飞行教练带着我从悬崖上一跃而下时，我的大脑一片空白。后来从教练拍摄的视频里看，我的声音和表情发生了巨大的变化，失去了控制。大概20分钟后，女儿和我先后到达了地面，解开安全绳后，她猛地向我跑来，拉着我的手问道："妈妈，你为什么害怕？"那一刻，我怔住了，不知该如何回答她。

当晚回到酒店，哄女儿入睡后，我回到写字台前，开始反思白天飞行时的心路历程。我到底为什么害怕呢？当时的天气非常适合滑翔伞飞行，而且我选择的是当地知名的公司，带我的飞行教练具有丰富的经验。在这样的前提下，我到底在害怕什么呢？这种"怕"在我的工作和生活中是否出现过？什么时候可能再次出现？我应该带女儿体验这样的活动吗？她为什么不害怕呢？我迈出悬崖的那一步时，是怎么克服恐惧的？这种体验对我的工作和生活会有哪些帮助呢？如果下一次有体验极限运动的机会，我还会参加吗？……

这次难忘的体验最终内化成了我个人的经验和智慧，对我如今选择的事业乃至行为模式产生了潜移默化的影响。

💡 叙事之问　　　　这是在一次全国研学旅行研讨会上，一位户外研学机构的教师分享的"入行心路"片段。在她的分享中，我们得知女儿的一个疑问引发了她深刻的思考与反思。在这里，我们暂可不必深究她在跳伞前害怕的原因，她在当晚回到酒店后对自己的一连串追问非常值得我们思考。那么，什么是在体验中反思？为什么要在体验中反思？如何在体验中反思？

💡 叙事之思　　　　在体验中反思是指对体验场景、体验活动、体验过程、体验路径、体验方式方法、体验感悟、顿悟等进行反思。

作为一种图景思维活动，体验不是以单纯语言文字符号的逻辑转换为主的逻辑思维活动，而是以图景转换为主的图景思维活动。"这种思维活动不是知识累加性的，而是在体验者的大脑中发生着其生活阅历、生活场景和未来希冀蓝图的关系与结构的自组织转换活动。"为了凸显体验的这种思维特点，我们可以将之称为"体验之思"。[①]

---

① 刘惊铎：《道德体验论》，61 页，北京，人民教育出版社，2003。

资料卡片 [①]

美国哈佛大学费舍尔教授揭示出大脑和认知的发展是一种网状结构，而不是梯形结构。脑左半球的功能侧重于抽象思维，是以线性方式处理输入信息的；脑右半球侧重于形象思维，是以视觉空间的非线性方式处理输入信息的。20世纪90年代以来，费舍尔开发了多种无创性脑成像技术和实验性分离多重脑功能系统，发现大脑功能系统不是唯一按左右分工原则组装的，除优势半球外，还包含着大脑皮层与皮层下结构、后头部与前头部，乃至背侧与腹侧系统等数以十计的多种形式脑组装模块按一定时序参与，并体现功能的动态变化。

加德纳的多元智能理论揭示了在课堂教学中教师应变以讲解为主的方法为多种方法并用，除适当地讲解外，还可利用图示、录像、音乐等形式教学，或让学生离开座位进行活动，以加深对抽象内容的体验和理解，并通过同桌、小组、大组活动等人际交往方式和自学、讨论等学习方式提高教学效率。

在人类的精神生活中，大脑边缘系统、新皮质、杏仁核及前额叶既相对独立，又彼此互补。其协调合作的方式既决定了智力水平的高低，也决定了情感水平的高低。情感教育课程的内容着眼于学生的实际生活，看似琐碎，但我们未来的教育正有赖于此。

在体验的过程中，人脑内进行着图景思维的转换。此时图景信息在大脑中转换和创生，引发了全脑多种功能模块交互作用状态下的融通式思维，进而将认知与情感等因素统统整合起来，发挥出整体的领悟功能。此时人的领悟力最强，对自身及周围事物的反思皆能达到较高的水平，即反思的效率最高、效果最佳，师德修养的提高效果也极为显著。

在体验中反思，提高师德修养的方法不胜枚举。根据个人机缘、工作和生活习惯及客观条件等，每个人都需要找到适合自己的方式方法。总的原则是记录下来。具体而言有以下三点。

第一，创建师德反思笔记。结束一天的工作后，教师可以或简或繁地记录下每日的师德感悟，如经验与教训、得到与失去、快乐与烦恼，还可以在一定程度上跳出师德范畴，记录工作与生活中经历的重要片段。在记录方式上，教师可根据自身情况和习惯，使用电脑、平板电脑、手机、笔记本甚至是白纸等随笔记录，进行周期性反思，周期因人而异。不必拘泥于形式，但务必养成习惯，做到所记之事有所追踪、有所保存。数月后，反思的效果便能显现出来。

第二，详细描述与交流讨论师德修养案例。针对社会上或身边的典型师德师风的案例，教师可对其进行详细描述，并与其他人进行讨论分析。目前，诸

---

① 刘惊铎：《体验：道德教育的本体》，载《教育研究》，2003（2）。

多有志之师创立了公众号或专栏，在开放、开源、平等、信息互通的社交媒体平台上分享师德感悟、师生故事，或者教学理念、教学体验、教学方法、教学案例等。与构建师德反思笔记同理，不必拘泥于选题和内容。对于那些没有精力或条件"自立门户"的教师而言，在阅读好文的同时，可以积极投稿，积极参与互动留言与讨论，在其间有所收获也是极好的。

第三，开展与师德修养相关的行动研究。一般而言，教育工作者为弄清和解决课堂上出现的问题，对教学方案进行探索性、创新性的行动研究，并直接着眼于教学实践的改革，积极投身于"学者型"教师的行列。对于教师，尤其是青年教师而言，更应在日常工作中投入更多时间与精力，开展提高师德修养的行动研究，并着眼于新时代我国师德师风建设的目标与任务，积极投身于道德教师的行列。

总而言之，在体验中反思，这并不是目的，也不是手段，更不是负担。它不仅是提升教师综合素质的有力抓手，也是提升师德修养最有效的途径之一，还是教师在职场和生活中悦享生命的必经之路。

二、在反思中体验

▶ 生命叙事　6-5

永远别说永远，前方总有希望

马修是一位怀才不遇的音乐教师。1949 年，他来到了一所被称为"池塘之底"的男子寄宿学校。他面对的不是普通学生，而是一群被大人放弃的顽皮的男孩。初来乍到的马修发现这所学校的校长和其他教师以残暴高压的手段管制这群"问题少年"，师生之间是鲜明的敌对关系。

一日，几个调皮的孩子从马修的宿舍偷来了他的公文包，一溜烟躲进厕所探索公文包里的秘密，可谁知这里面只有马修创作的乐谱。发现宿舍被窃的马修很快找到了这几个孩子。就在他准备批评他们的时候，另一位男教师闻讯赶来。此时，马修并没有与男教师一起批评学生们，而是帮他们解了围。当晚，马修回到与孩子同住的宿舍，听到学生们正在唱着侮辱他的歌曲。

马修躺在床上，灯光照在他的脸上。他的眼睛里渐渐发亮，嘴角上扬，思考着。

马修："这曲调一直萦绕在我的脑海里，他们虽然唱得不怎么样，但是他们爱唱。"

马修："我甚至发现他们中有几个孩子的嗓音不错。"

马修："难道他们真无药可救？"

马修："我曾暗暗发誓永远不碰琴谱了，永远别说永远，前方总有希望。"

马修一边思考，一边起身小心地掏出公文包里的空白乐谱，写下了一个高音谱号。这时候，灯光充满了屋子，黑暗在一点一点地消逝。

　　而后，马修组建了童声合唱团，在日复一日精心打磨的训练之下，合唱团开始有模有样，师生关系日渐和谐。其间，经过循循善诱的教导，马修将莫昂克的音乐天赋发掘出来，这也为莫昂克最终成为著名音乐家奠定了基础。马修的师德修养在与学生的相处中渐次提升，最终实现了自己的价值，获得了学生们的肯定和爱戴，改变了自己的命运。

叙事之问

　　以上是法国电影《放牛班的春天》的剧情。该电影讲述了在一所男生寄宿学校任职的法国音乐教师马修，在体罚横行、残暴管制的学校里，尝试用音乐创作和组织唱团的方法，借助音乐打开学生封闭的心灵，进而改变学生以及他自己命运的故事。在教师马修和学生的故事里，马修是如何在反思中体验，进而获得新的领悟，到达新的智慧高度的？我们应该如何在反思中体验，提升师德修养？

叙事之思

　　在反思中体验是指从反思中所获得的领悟、渐悟、顿悟等，使我们到达新的智慧高度，在新的起点上再进行新的体验，进而达到更高的境界。马修在与学生和其他教师的交往中，体验了在封闭空间内独裁暴政管制对学生身心的摧残。这种教育方式不仅毫无效果，反而激发了学生心中的"恶"。而后，马修通过一次偶然的机会，了解到学生对音乐的热爱。经历在体验中反思、在反思中展开新体验的过程后，他充分利用自己的优势，激发了自己的新智慧，诱发出学生心中的"善"，最终实现了师生关系和谐、学生德行提高、师德修养提升的教育效果。

　　在陶养师德和提升师德修养的实践道路上，我们应该依标据行，在反思中体验。这样的体验更有深度和高度，教师在体验后达到的师德境界会更高。

　　师德标准的相关政策、方针与精神是依标据行的坚实基础。1982年，在全国教育工会召开的老教育工作者座谈会上，我国首次就教师职业道德问题进行了研讨。在此之后，1984年教育部和全国教育工会制定颁发《中小学教师职业道德要求（试行草案）》，对师德提出了相关要求，这是1949年中华人民共和国成立以来正式建立和颁布的第一个中小学教师职业道德规范，对提高教师思想政治素质具有纲领性的指导作用，标志着我国开始重视师德规范的建设，也为后来师德规范的完善奠定了基础。此后，相关部门分别于1991年、1997年、2008年多次对该规范进行修订。近些年，习近平总书记多次看望、慰问教师，就教师队伍建设发表系列重要讲话，作出重要指示，高度肯定教师作出的贡献，高度评价教师职业的特殊意义，对广大教师提出殷切希望，向各级党委和政府提出明确要求，并提出了"三个牢固树立""四有好老师""四个引路人""四个相统一""九个坚持"等精神、标准和要求，指明了师德建设与发展的方向和路径，具有鲜明的时代特色。

📖 **资料卡片**

"三个牢固树立"是指牢固树立中国特色社会主义理想信念，带头践行社会主义核心价值观，自觉增强立德树人、教书育人的荣誉感和责任感，学为人师，行为世范，做学生健康成长的指导者和引路人；牢固树立终身学习理念，加强学习，拓宽视野，更新知识，不断提高业务能力和教育教学质量，努力成为业务精湛、学生喜爱的高素质教师；牢固树立改革创新意识，踊跃投身教育创新实践，为发展具有中国特色、世界水平的现代教育作出贡献。

2018 年 1 月，中共中央、国务院颁布了《关于全面深化新时代教师队伍建设改革的意见》，这是中华人民共和国成立以来党中央出台的第一个专门面向教师队伍建设的里程碑式的政策文件。《关于全面深化新时代教师队伍建设改革的意见》描绘了新时代教师队伍建设的宏伟蓝图，吹响了推进教师队伍建设改革的集结号。2019 年 12 月，教育部等七部门印发了《关于加强和改进新时代师德师风建设的意见》，有组织地推动了师德师风建设长效机制的建立健全。

提高师德修养需要教师充分理解师德政策、方针与精神，并以此为标，在教书育人中浇筑理想信念，在言传身教中践行道德情操，在学术自由与规范中增加学识，在潜心问道和关注社会中播撒仁爱，充分了解体验与反思的关系，在体验中反思，在反思中体验。

师德"智慧"

探讨真理，我们提五条路：（一）体验；（二）看书；（三）求师；（四）访友；（五）思考。

——陶行知

第三节　构建反思性关系：在共生中养德

教师在体验与反思的过程中应着力构建反思性关系，努力提升职场幸福感，诱发生命感动，臻于美善、和谐、靓丽的教育之境。新时代师德修养的基本点，必须内在地包含提升教师的职场幸福感。"教师的职场幸福感是基于其生存状态，经历内心感动、文化道德创新和精神享用的过程。"[1]新时代教育本质观和教育过程观的发展变化直接表现为对"好教师"的评价标准发生改变。

---

[1]　刘惊铎：《教师职场幸福的源泉》，载《中国德育》，2011（5）。

这一改变的核心取向是从约束走向激励，从知识走向发展。

在生态体验理论视域下，导引者带领并引导体验者一同进入同一生态体验场，共同体验同一生态关系情境，展开生态体验诉说、开放式对话和反思性表达，交互提升各自的德行境界，教师自觉进阶到"道德教师"的境界[①]，而不再是教师单向促进学生发展却遗忘了自己的道德境界提升和可持续发展[②]。"道德教师"的提出是让全体教师明白，衡量教师的境界不能唯时间投入而论。道德教师应当在构建反思性关系的过程中不断生成生命能量，与学生形成互动之势。

▶ 生命叙事　6-6

我最心爱的事物

来自萨尔茨堡修道院的修女玛利亚活泼开朗，热爱大自然与音乐。然而这与修道院严肃的氛围格格不入。在接到海军上校冯·特拉普寻求家庭教师的邀请后，玛利亚离开了修道院，成了特拉普家的第五任家庭教师。

长期的海军生活和思念亡妻之痛使特拉普上校对待孩子像管教士兵一样严格。他用口哨发号命令，对七个孩子进行军事化管理，严格控制与规范孩子们的生活。玛利亚意识到孩子们对她不友好是因为孩子们得不到父亲足够的关爱，想要通过捉弄家庭教师来引起父亲的注意和关爱。

就职当晚，雷雨交加，她用行动保护着家中大女儿的情窦初开，用歌声安抚着惧怕雷电的孩子们。在她的循循善诱下，孩子们放下了心中的戒备和抵触，开始变得不畏雷电。在玛利亚的引导下，孩子们与其一起在快乐的歌声中体验生命感动与幸福。

玛利亚说："当我遇到不如意的事情、感觉不快乐时，我就会想到一些美好的事物。"

孩子们说："是什么美好的事物？"

玛利亚说："水仙花，绿草地，繁星满天。"

玛利亚唱："玫瑰上的雨滴，小猫的胡须，锃亮的铜水壶和温暖的羊毛手套，绑着细绳的牛皮包装纸，这些都是我心爱的事物；乳白色的小马，脆脆的苹果派，门铃声、雪橇铃声和炸肉排声，展翅飞向月亮的野雁，这些都是我心爱的事物；穿着配着蓝色缎带的白裙的女孩们，停留于我的鼻子和睫毛上的雪花，银白色的冬天融化成春天，这些都是我心爱的事物；当狗咬时，当蜜蜂蛰时，当我感到悲伤时，只要想起我心爱的事物，我的心情就不会如此糟糕了。"

玛尔塔说："真的管用吗？"

玛利亚说："当然！你试一下，你喜欢什么？"

玛尔塔说："杨柳树。"

孩子们抢着回答："圣诞节，兔宝宝，蛇，巧克力冰淇淋，不上学，枕头大战，电报，生日礼物，任何礼物，瓢虫……"

---

① 刘惊铎：《新世纪教师要成为道德教师》，载《中国教育报》，2004-12-11。
② 刘惊铎：《生态体验：道德教育的新模式》，载《教育研究》，2006（11）。

一夜之间，玛利亚没有因孩子们先前的防御性表现与之作对，而是用天生的善良与温柔赢得了孩子们的心。

叙事之问　以上片段取自经典电影《音乐之声》。善良的玛利亚不仅收获了孩子们的爱与信任，而且收获了爱情与幸福。在特拉普上校家的前四位家庭教师因各种原因相继离开的情况下，为什么玛利亚能够在孩子们的"敌视"对待下迅速获得他们的爱与信任呢？对于新时代的教师，该影片有何启示？

叙事之思　玛利亚在逐渐融入特拉普上校一家时，没有听从、采纳特拉普上校的要求。她拒绝单向地、高高在上地向孩子们发号施令，在历经生态体验诉说、开放式对话和反思性表达后，自觉地成了道德教师，真正满足了他们的多方面成长需求。师生间形成良好互动，一起健康、快乐、幸福地生活和成长。

📖 资料卡片

道德教师的理想样态

　　具有健康的生命样态，包括健康的身体、充沛的精力和饱满的精神；有适当的知识储备和先进的知识观念；具有驾驭教育现场的能力或教育智慧，其中包括整合和灵活运用跨学科及百科知识的意识和能力，营造、优化教育环境和氛围的意识与能力；树立先进的思想道德观念；树立可持续发展的意识。

　　　　　　　　——节选自《中国教育报》文章：刘惊铎：《新世纪教师要成为道德教师》

作为新时代的教师，首先要成为道德教师。新时代道德教师的教师观应超越工具论，转向发展论。教师应走出行为主义和认知主义的束缚，走向人本主义、建构主义和生态体验式的学习论方向。教师要在传授知识的同时，注重促进学生多方面的发展，尤其是学生德性的发展，丰富学生的精神世界；同时也要发展自己，丰富自己的精神世界，提升自己的职场幸福感，最终提升师德修养。

具体来讲，道德教师应着眼于为未来培养人才。一方面，单纯为现实培养人才的目标定位容易过时，毕业生易遭受市场冷遇或"闲置"；另一方面，当代中国已进入信息化社会，传统意义上的教育和生活从节奏到质量都发生了深刻变化。正如凯洛夫所说的那样："教师站在人们未来专业的摇篮边，因为他应当是第一个能够看出和发展学生能力的人，他应当首先看清楚学生当中未来的设计师、飞行家、农学家、工程师、医师、工业和农业的劳动者或科学和文化的活动家。"[1]青少年从多条渠道获取的信息和资源不仅数量大，而且内容多样。他们在比较中不再被教育者传递的主流意识形态的信息、观点、价值取向左右。这就要求新时代的教师要认真、系统地学习教育理论，研究教育发展趋势，对教育改革与发展的新现象、新理论观点做到心中有数，以科研促进观念的更新；还要深入实际，研究学生，了解学生实际，理解学生的生命世界，并与学生建立交往互动、公平公正的师生关系。[2]

首先，教师要以开放的心态面对学生群落里的各种新异现象。因为人的发展是一个生态创生的过程，是不同个体根据自身的方式实现互动、不断创造新知识的过程。现实生活中蕴含的知识和道德及其对学习的实际意义在书本的背诵中是无法被体验到的。教师要鼓励学生在学习和体认既有知识与道德的基础上，敢于和善于根据不同的社会情境创造新的生活方式。

其次，教师要明确，教师和学生都是发展的主体，师生要互动发展、共同发展。事实上，一个教师在不进修、不发展的状况下，经过一个或几个教学周期之后，他的教育教学观念和知识、能力结构等就不能再引领学生了。因此，教师必须充分认识人类的"反哺文化"现象，牢固确立双向发展观、互动发展观。[3]

最后，教师应树立可持续发展观。教育的可持续发展观强调在教育经费投入和教师智力资源使用的时候，不仅从本代或本届教育教学质量的角度考量，而且要自觉考虑未来各代或各届教育教学质量的保持与提高，并形成良性循环。在此基础上，新时代的道德教师还要树立科学的学生观，认识到学生的学习与其情感体验密切相关，领悟到学生是具有巨大发展潜能的人，有个性的学生具有创造性；树立科学教育观，即树立新的教育本质观、生活教育观，理解和关怀学生的生命世界，树立教师的团结协作观等。

教师在职场中教书育人，在个人成长与陶养师德的过程中也经历着马斯洛提出的五个需求层次。这些需求的满足需要全社会的合力而为，直接影响着教师的幸福成长与师德境界的提升。

📖 **资料卡片**

马斯洛需求层次理论

马斯洛需求层次理论是人本主义科学理论之一。美国心理学家亚伯拉罕·马斯洛于1943年在《人类激励理论》（*A Theory of Human Motivation*）中提出，后于1954年在其著作《动机与人格》（*Motivation and Personality*）中完整阐述。普遍认同的是，马斯洛将人类

---

① ［苏］伊·阿·凯洛夫：《教育学》，陈侠等译，71页，北京，人民教育出版社，1957。
② 刘惊铎：《新世纪教师要成为道德教师》，载《中国教育报》，2004-12-11。
③ 刘惊铎：《新世纪教师要成为道德教师》，载《中国教育报》，2004-12-11。

需求从低到高按层次分为五种，分别为：生理需求（Physiological Needs）、安全需求（Safety Needs）、爱和归属需求（Love and Belonging Needs）、尊重需求（Esteem Needs）和自我实现需求（Needs for Self-actualization）。

　　一般来说，教师的生理需求是层级较低却最急迫的，如果缺乏足够的食物、水、空气或睡眠等，那么人的道德观就会发生一定程度的下降。也就是说，如果一个教师整日为基本的生存发愁，那么其很难以身作则，更不用说立德树人了。为了更好地满足生理需求，教师本人应认真勤恳工作；教师家庭应理解和支持教师工作；学校和政府应适当增加福利，改善教师工作条件，给予更多的休息和调整时间。

　　教师的安全需求也属于基础层次的需求。在安定的社会中生活，教师职业在一定程度上保证了教师生活稳定，更不用说人身安全了。通常情况下，教师的安全需求能够得到较好的保障。为更好地满足教师的安全需求，教师本人及家庭成员应严格自律，遵纪守法，增强人身保护及防范意识；学校和政府应持续完善规章制度，给予较完备的职业保障（如子女入学优惠政策），按照国家法律规定提供医疗保险、失业保险、养老保险、工伤保险、生育保险及住房公积金等。

　　教师的爱和归属需求属于较高层次的需求，包括对友情、爱情及隶属关系的需求。作为较高层次的、非物质的需求，爱和归属需求更多需要教师本人从自身出发，努力营造良好的社交环境，与同事及学生建立和谐融洽的人际关系，适当参与集体活动与聚会。学校、政府和社会应提供更多的机会让教师参与到丰富多彩的社交活动中。

　　教师的尊重需求同爱和归属需求相似，也属于较高层次的需求。教师本人应恪守师德，诲人不倦，珍爱教师这份职业并以为人师而自豪；教师家庭应给予教师更多鼓励和支持，并以为人师之家属而自豪；学校和政府应该采取公开奖励等形式，深化教师的重要性；社会应以尊师重道为社会各行业发展的根基，尊重和爱护教师，对优秀的教师不吝惜鼓励，对出现问题的教师合理合法地投诉与追责。

　　教师的自我实现需求是最高层次的需求，包括对真善美至高人生境界的需求，也是师德修养提升的需求。自我实现需求是一种衍生性需求，即前四个需求得到一定程度的满足后，这一需求才能浮出云雾，得以满足。

　　当每一位新时代的教师都能够"解锢除蔽"、开放自我、乐在职场幸福之中、逐步臻于生态体验师德修养之境的时候，他就不会把教育教学当成传授既定知识的谋生手段，而是提升到"诱发师生、亲子的生命感动、溢流美善和谐的生命情怀、促发敞亮靓丽的人格境界的事业"[1]。到那时，中国的教育科研园地、校园文化建设阵地、教师道德催生以至中国教育事业推进的实践领地将全方位展现出既充满师生个性，又不乏师生集群智慧；师生既独立工作和学习，又相互协作创新；学生乐在学习中，教师悦享于师德至美境界的更加璀璨迷人的教育时代韵律和师生生命画卷。[2] 只有这样，教师才能在体验与反思中构建反思性关系，实现职场生命的可持续发展。

> ### 师德"智慧"
>
> 　　教师的人格就是教育工作者的一切，只有健康的心灵才有健康的行为。
>
> ——乌申斯基

【关键词图示】

请提炼出本章的关键词，并选择一两个关键词进行阐释，或用实例分析，并将关键词绘制成思维导图。

【故事写作】

《放牛班的春天》中教师马修依"善"和"爱"而为，最终成就了自己和学生。你是否有过相似的经历呢？结合自身成长经历及本章所学，撰写一篇生命故事。

【推荐读物】

1. 刘惊铎.道德体验论[M].北京：人民教育出版社，2003版；2021年修订版.
2. ［日］黑柳彻子.窗边的小豆豆[M].赵玉皎，译.海口：南海出版公司，2003.

① 刘惊铎：《教师职场幸福的源泉》，载《中国德育》，2011（5）。
② 刘惊铎：《构建教育新文化和教师新道德》，载《中国教育报》，2006-12-25。

7

第七章

师德的未来走向

【核心观点】

★ 新时代师德的指导思想是习近平新时代中国特色社会主义思想。

★ 真正高尚的师德师风要体现在人民教师的价值追求上。

★ 新时代对教师的言行举止提出了新的、更高的要求和心理期待。

★ 新时代师德的愿景美丽迷人。

★ 教师的师德和智慧是无法被人工智能取代的。

★ 人工智能时代的教师可被重新定义。

第一节　新时代师德的指导思想

一、以习近平新时代中国特色社会主义思想为指引

习近平总书记在党的十九大报告中明确指出："经过长期努力，中国特色社会主义进入了新时代，这是我国发展新的历史方位。""中国特色社会主义进入新时代，我国社会主要矛盾已经转化为人民日益增长的美好生活需要和不平衡不充分的发展之间的矛盾。"也就是说，人民需要的层次大大提升，较典型较具代表性的是期待更好的教育。在这样的时代背景下，新时代师德的指导思想对于顺利平稳地解决我国社会的主要矛盾起着关键的作用。

在党的十九大报告中，习近平总书记特别鲜明地围绕师德师风建设进行了深刻论述，如"加强师德师风建设，培养高素质教师队伍"，倡导全社会尊师重教，再次强调师德师风建设的重要性。

自党的十八大以来，习近平总书记在治国理政的过程中坚持教育、教师和师德三位一体，把师德师风建设作为提升教师素质、办好人民满意教育的首要任务。[①] 他在不同场合、不同时期一系列的师德论述中，提出了教师要成为"大先生""筑梦人""系扣人""引路人""好老师"，提出"三个牢固树立""四个标准""四个引路人"和"四个相统一""九个坚持"等师德标准和要求。这些观点及论断都阐释了以习近平同志为核心的党中央和人民政府对于中国传统文化中师德之精髓的提炼、传承、发展、创新，对于新时代教师的要求与期待，也为新时代的中国教师指明了前进方向。

> **📔 资料卡片**
>
> "大先生"：教师做的是传播知识、传播思想、传播真理的工作，是塑造灵魂、塑造生命、塑造人的工作。教师不能只做传授书本知识的教书匠，而要成为塑造学生品格、品行、品味的"大先生"。
>
> "筑梦人"：今天的学生就是未来实现中华民族伟大复兴中国梦的主力军，广大教师就是打造这支中华民族"梦之队"的筑梦人。
>
> "系扣子"：青年的价值取向决定了未来整个社会的价值取向，而青年又处在价值观形成和确立的时期，抓好这一时期的价值观养成十分重要。这就像穿衣服扣扣子一样，如果第一粒扣子扣错了，剩余的扣子都会扣错。人生的扣子从一开始就要扣好。

---

① 戚如强：《习近平师德观述论》，载《社会主义研究》，2018（3）。

▶ 生命叙事 7-1

一节课不能少

除了日常教学外，李保国每年有200多天在山区向老百姓传授果树管理技术，带学生实习，搞课题研究。领导见他太忙了，身体又不好，多次劝他说："你光带研究生、搞科研就超工作量了，本科生的课麻烦，就象征性地上几次，剩下的课给年轻老师分分就行了。"李保国坚决不同意，他说："要从本科阶段开始引导，让学生热爱农林专业，才能成才。本科生的课，我一节课都不能少。"

李保国给学生上课，总是提前来到教室，无论遇到任何情况也不耽误。有一次，李保国在山里培训果农，结束时天已黑了。县林业局的领导劝他在县城住一宿再回学校。李保国说："不能住，明天学校有我的课。"走到半路上，突然起了雾，高速不让走了。和他一起去讲课的助手说："要不咱们在服务区住一晚上，等明天没雾了再回学校。"李保国说："不行，要是明天大雾不散怎么办？岂不耽误了给学生讲课。""给系主任打个电话，把课程调一下。""调给谁，人家是不是有时间？别麻烦领导了，高速不让走，咱们走国道。"

由于路上的雾特别大，车开得很慢。当李保国赶回学校时，已经是第二天早上7点半了。李保国下了车，直奔上课的教室等候学生。学生问李保国："李老师，你来得这么早，吃饭了吗？"李保国笑着说："还没有，我刚从外面出差回来，怕迟到，就直接过来了。"一名学生感动地说："李老师，辛苦了！"说着，眼泪就下来了。

李保国（1958—2016），河北武邑县人，河北农业大学教授、博士生导师。1981年大学毕业后留校任教，主要从事山区开发与经济林栽培技术推广工作。他扎根太行山30余年，带领10多万群众脱贫致富奔小康。每年进山"务农"超过200天，累计推广36项实用技术，帮助山区农民实现增收28.5亿元，许多山区的贫困农民因此甩掉了"穷帽子"。

🎙叙事之问　　　　以上这则故事参见河北省邢台市内丘县人民政府官方网站《李保国故事（七十五）一节课不能少》。习近平总书记曾指出，"正确理想信念是教书育人、播种未来的指路明灯"，"好老师心中要有国家和民族，要明确意识到肩负的国家使命和社会责任"。[①] 李保国的事迹是其作为一名中共党员、一名人民教师心系祖国、心系人民、心系学生的缩影。那么，是什么指引着李保国在其毕生追求的教育事业中不断地润养师德、言传身教、追求进步，对党忠诚、对人民担

---

① 习近平：《做党和人民满意的好老师——同北京师范大学师生代表座谈时的讲话》，载《人民教育》，2014（19）。

当、对事业执着、对学生仁爱呢？他的这段事迹对广大为师者有何启示呢？

🔆 叙事之思

通过李保国的事迹，我们可以很清晰地看到，他虽然是一位教授，却丝毫没有因为工作的忙碌而忽视教学任务。相较于本科生教学工作，研究生的课程设置和安排更加灵活，课程量相对较少。但是他坚持以激发本科生的兴趣为己任，潜心育人。"总是提前来到教室，无论遇到任何情况也不耽误"体现了李保国恪尽职守、爱岗敬业的高尚师德。李保国用优秀的习惯陶养着身边的每一位师生，在特殊情况下，仍不忘初心，不开特例，不麻烦别人，不耽误一节课。除此之外，李保国对待学生亲切，常与学生打成一片。在下乡实习的时候，他与学生们住联排通铺，一同攻坚课题，一同劳动实习，一同悦享生命。

习近平总书记曾对李保国的先进事迹做出过重要批示："李保国同志35年如一日，坚持全心全意为人民服务的宗旨，长期奋战在扶贫攻坚和科技创新第一线，把毕生精力投入到山区生态建设和科技富民事业之中，用自己的模范行动彰显了共产党员的优秀品格，事迹感人至深。李保国同志堪称新时期共产党人的楷模，知识分子的优秀代表，太行山上的新愚公。广大党员、干部和教育、科技工作者要学习李保国同志心系群众、扎实苦干、奋发作为、无私奉献的高尚精神，自觉为人民服务、为人民造福，努力做出无愧于时代的业绩。"[1]

习近平总书记的这段批示提纲挈领地诠释了李保国的"大先生""筑梦人""系扣人""引路人""好老师"的形象。新时代师德的指导思想在李保国的事迹中体现得淋漓尽致。他始终秉持共产党员"全心全意为人民服务"的宗旨，始终树立"学为人师，行为世范"的师德风范，始终坚定不移地肩负着作为一名人民教师的光荣使命。他的事迹感动了为师者的心，润泽了为师者心灵的精神家园。

二、新时代师德师风建设的价值定位

师德师风建设的核心不仅仅是遵纪守法的规范言行，还是更深层次的思想意识、精神面貌和崇高境界。譬如，平时把心系群众融入日常工作生活，融入血液；在日常教育教学过程中，展现出扎实苦干、奋发作为、无私奉献的精神，在平凡的工作岗位上自觉为人民服务、为人民造福，努力做出无愧于时代的业绩。这才是习近平总书记所说的新时代的"大先生""筑梦人""系扣人""引路人""好老师"的形象。

---

[1]　河北农业大学党委宣传部：《身边的李保国》，2页，北京，新华出版社，2016。

资料卡片

启功先生与"学为人师，行为世范"

启功（1912—2005），自称"姓启名功"，字元白，也作元伯，号苑北居士，北京人。中国当代著名书画家、古典文献学家、鉴定家。曾任北京师范大学教授、博士生导师，中国人民政治协商会议全国委员会常务委员，国家文物鉴定委员会主任委员，中央文史研究馆馆长，西泠印社社长。当有人称他是当代书画大师时，他总是郑重声明："我这辈子教书是主业，别的都是副业。"

在北京师范大学建校95周年时，启功先生提出以"学为人师，行为世范"作为校训。其中，"行为世范"语出《世说新语·德行》。启功先生将毕生为之奋斗的教育事业归结为这句话，既十分贴切地反映了北京师范大学应有的特点和百年名校深厚的文化积累，又生动地体现了启功先生在学问和人品方面身体力行、言传身教的光辉典范。

造次必于是，颠沛必于是

造次，仓促。是，这，此。颠沛，流离。匆忙仓促时也一定如此，颠沛流离时也一定如此。语出《论语·里仁》："君子无终食之间违仁，造次必于是，颠沛必于是。"表示在任何情况下都不改变。

真正高尚的师德师风还要体现在每一位人民教师的价值追求上。作为新时代中国特色社会主义建设伟大事业中坚力量的人民教师，必须坚持以人民为中心。我们党一贯强调，教育为了人民。习近平总书记十分关心人民群众的教育获得感，多次强调教育公平是社会公平的重要基础，必须不断促进教育事业发展成果更多更公平地惠及全体人民，努力让每个孩子都享有公平又有质量的教育。这鲜明地表达了我国教育的人民立场。当前，我国教育有了长足的发展，"有学上"的问题总体上基本解决，"上好学"的需求更加凸显。教育坚持以人民为中心的发展思想，就是要解决教育发展不平衡、不充分的问题，扩大优质资源供给，办好人民满意的教育。

2018年9月10日，习近平总书记在全国教育大会上强调，要努力构建德智体美劳全面培养的教育体系，形成更高水平的人才培养体系，自觉促进学生德智体美劳全面发展。学校立身之本在于立德树人。培养什么人，是教育的首要问题。我国是中国共产党领导的社会主义国家，这就决定了我们的教育必须把培养社会主义建设者和接班人作为根本任务，培养一代又一代拥护中国共产党领导和我国社会主义制度、立志为中国特色社会主义奋斗终身的有用人才。要把立德树人的成效作为检验学校一切工作的根本标准，健全全员育人、全过程育人、全方位育人的体制机制。在坚定理想信念上下功夫，在厚植爱国主义情怀上下功夫，在加强品德修养上下功夫，在增长知识见识上下功夫，在培养奋斗精神上下功夫，在增强综合素质上下功夫，培养德智体美劳全面发展的社会主义建设者和接班人。习近平总书记这些重要论述，进一步回答了新形势下"培养什么人、怎样培养人、为谁培养人"这个根本问题，明确了各级各类学校要坚持办学的正确政治方向以及培养社会主义建设者和接班人这一教育现代化的方向目标。

习近平总书记在多个场合的多次重要论述中，鲜明地指出了教师队伍建设对教育事业发展的关键性作用，对广大教师寄予了殷切期望，对全党全社会提出了尊师重教要求。

新时代师德的指导思想饱含中国优秀传统教育文化和教师道德智慧。沿着中国教育精神的脉络，我们不难遥望新时代师德的美好愿景。

第二节　新时代师德的愿景

一、新时代师德的美好愿景

由于现代人进化的速度很快，加之在高科技手段与工具的助力下，教师、家长、学生及其他与教育相关的社会人士，无不密切关心人类社会发展，尤其是信息、网络、人工智能等对教育和师德带来的"革命性影响"。

无论人类社会怎样发展、经历什么，根据现有的理论和实践，我们可以确信的是，教师的价值不仅不会消失，反而会进一步提升；新时代师德不会变得无足轻重，反而会进一步举足轻重。在时代发展的长河中，新时代师德将指引全体教师化科技为己力，激发教师的潜能，凸显教师及其职业的价值，提升教师的生命效能，提高教师的职场幸福感。

▶ 生命叙事　7-2

选　择

奇点大学创始人、未来学家彼得·戴曼迪斯曾参访过企业家埃隆·马斯克所创办的追逐星辰（Ad Astra）学校，他观察到这所学校与其他传统学校有一个截然不同的特点——在这里，很少有语言课程；在课堂上，每天探讨的内容都是与现实世界密切相关的、学生们长大后的各种场景。一个关于道德和伦理的讨论中有这样一个案例。

想象在一座依湖而建的小城里，大多数居民都在同一家工厂工作。然而，工厂在生产作业的同时，持续不断地污染着湖水，小城及周边的生态环境日益受到污染。这种情况下，你会怎样做？如果关闭工厂，则意味着大规模失业；如果允许工厂继续运营，将会导致湖水乃至小城自然生态遭到不可逆的严重破坏。

❓叙事之问　　　　这个案例中的问题是否有标准答案抑或是最佳答案呢？我们暂不讨论该校教育理念、教学安排是否科学，是否符合教育规律。我们可以从追逐星辰学校所公布的信息中了解的是，教师的职能已然不是传授知识和提供答案那么简单，而是在日常教书育人的过程中培养学生的三重生态观，践行立德树人的理念。那么，不免有诸多疑问，在不久的未来，人工智能是否有可能取代这所学校的教师，是否会取代教师这个职业呢？师德的愿景又会是怎样的呢？

💡叙事之思　　　　本书第一章"师德发展的千年回望"中，对我国千百年历史中的师德师风的思想源流与发展历程做了升维鸟瞰式的梳理。教师自始至终是社会道德最高标准的典范。在社会给予教师崇高的尊重和地位的同时，人们对教师的言行举止也提出了极高的要求和心理期待。

　　　　新时代，人民群众和社会对教师专业能力的要求日益提高，对教师的师德境界也有了更高的要求。项贤明认为："道德是人类在认知能力之外一个使人之为人的首要关键特质。"[①]因此，在通往未来之路上，在密切关注培养学生道德情操的同时，教师必须吐故纳新，及时适应社会和教育的变革，以面向未来的眼光培养学生。

📘资料卡片

马斯克创办的未来学校——追逐星辰学校

　　追逐星辰学校是一所非营利实验性质的学校，仅招收7~14岁的儿童入学，约从2014年开始运营。学校位于马斯克的太空探索公司总部园区的一角，学生包括马斯克的孩子、公司部分员工子弟和洛杉矶地区的一些学生。因为马斯克认为未来计算机能够做到实时翻译，因此该校专注数学、科学、工程学和伦理学教育，没有音乐和体育等科目，边缘化了语言科目。该校学生能够在他们选择的项目中组队工作，正式的作业很少，也没有评分。学生也可以不学他们不感兴趣的科目。

　　2017年，有超过400个家庭为自己的孩子申请入学，但该校的招生名额只有12人。此外，学校的文件中也提到，由于教职工与学生的比例有要求，追逐星辰学校可能不会招收超过50名学生。不过，根据美国消费者新闻与商业频道（CNBC）的相关报道，因为其具有实验性质，且样本量较小，因此该校的教学成果和成效暂时还无法被证明。

---

① 项贤明：《在人工智能时代如何学为人师？》，载《中国教育学刊》，2019（3）。

二、新科技背景下的师德新动向

在一定程度上说，人工智能的发展将会淘汰大量的传统劳动力，逐渐取代教师的部分职能，甚至在某些方面比教师做得更好。比如，其能利用新技术与大数据分析学生的特性，精确了解学生需求，为学生提供高效的个性化学习方案；对学生学习过程中的标准化流程进行统筹和优化，提高学生学习效率；实施协同通信网络与电子化作业，可以使学生更及时地得到反馈与支持。

> **📖 资料卡片**
>
> ### 人工智能
>
> 人工智能（Artificial Intelligence），英文缩写为 AI。它是研究、开发用于模拟、延伸和扩展人的智能的理论、方法、技术及应用系统的一门新的技术科学。换句话说，人工智能是指模仿人类智能执行任务的系统或机器，可以根据所收集的信息不断对自身做出迭代式改进。
>
> 人工智能具有多种形式。例如，聊天机器人使用人工智能更快速高效地理解客户问题并提供有效的回答；根据用户的购物习惯，自动向其推荐产品；实时学习、分析路面情况，辅助人类开车；等等。

然而，随着社会和科技的发展，人工智能并不能完全取代人类教师。曹培杰认为，在教育的不确定性面前，教师所具有的能力远远超过技术，技术只能在现有的模型框架下理解和解决问题。"尽管技术已经可以代替人类做很多工作，甚至在许多方面都比人类做得更好，但它却难以代替教师与学生进行心与心的沟通。"[①]

在科技日新月异发展的时代，教师无论是在个人技艺还是师德境界，都必须紧跟时代潮流。顾明远先生曾在中国教育学会小学教育专业委员会 2016 学术年会暨第三届小学教育国际研讨会上指出，在这个开放、互动、共享的互联网时代，教师应适应教育环境的变革，科学地利用信息技术，改变教学内容，改变教与学的方式，以未来的眼光培养面向未来社会的人才。

教师的师德和智慧是无法被人工智能取代的。进一步思考教师是否会被人工智能取代时，牛津大学的两位学者——卡尔·弗瑞和迈克尔·奥斯本的研究显示，小学教师仅有 0.44% 的可能性被人工智能代替。刘宝存在关于教育未来的峰会上指出，未来教育的本质并未改变，依旧是为了传承文化、创造知识、培养人才。因此，即使有了多种学习方式，学校和教师也不会消失，因为学校是人生社会化的第一步，儿童的成长依旧需要有仁爱之心的教师指导、帮助。知识的传授方式与途径是多样的，然而以育人为目的的仁爱之心只能通过人与人的交往传递。

---

① 曹培杰：《未来学校的变革路径——"互联网＋教育"的定位与持续发展》，载《教育研究》，2016（10）。

> ### 资料卡片
>
> 　　牛津大学的两位学者发布的《就业的未来：电子计算机化对工作有怎样的影响？》（*The future of employment：How susceptible are jobs to computerisation？*）揭示了各项工作在未来20年被机器人取代的可能性。这份报告认为，在2033年，许多被熟知的职业会最终消失。例如，电话营销人员、保险业务人员、运动赛事裁判、收银员、厨师等。

　　在生命叙事7-2的案例中，我们发现，这种紧贴生活却高于生活的思考题能引导学生以主人翁的身份、以一种富有担当的方式亲验这个世界，并指引师生以人性中的真善美来具身体验、俯身体验，藉由反思来优化、重构人类与自身、与社会、与宇宙自然之间的生态关系；通过三重生态因子的圆融互摄，优化师生生命样态，实现陶养师德师风与立德树人的目的。纵观古今，有仁爱之心、大家之风的教师，有开阔视野、真性情的教师，与人工智能背后的"大脑"有最大的不同，前者的人性光辉是后者难以复制和企及的。

　　人类在教育领域探索与享用科技带来的发展空间和利益时，道德教育、师德修养将成为智能时代教育领域的重要任务。因为，"科技的阴暗面实际上是人性阴暗面的折射，唯有以新的道德力量控制人性的阴暗面，人性的光芒才可以照亮科技的阴暗面"[①]。

　　未来教师的生命内涵和理论界定呈现出与时俱进的特征。任友群在参加2019年世界人工智能大会时指出，人工智能时代的教师，可能被重新定义：不但善于运用技术工具，而且在情感、价值观、知识运用和能力提升方面能够与学生进行更多的互动。以后，这样的教师才不会被淘汰。古人说的教师传道授业解惑，在人工智能时代会发生角色变化，"传道"的"道"将更偏重道德方面，"授业"的"业"将以能力提升为主，"解惑"会成为教师的主要职责。如此看来，当我们不断思考人工智能是否有可能取代追逐星辰学校的教师，甚至在未来某时取代教师职业时，答案是不言自明的。

　　综上所述，人工智能时代的教师虽有可能被重新定义，有可能在技术层面上存在一定的短板，需要不断地学习掌握并熟练运用人工智能时代的教育教学设施设备、工具、方法、手段，但是，教师自身真正闪光的、富有持久魅力的，还是教师在专业能力方面的动态发展，是其在师德师风修养方面的动态提升，是其与学生之间生成的情感的动态互摄。当我们在构想新时代师德的愿景时，在面对人类社会发展与科技进步所带来的变革与变化时，在面对变幻莫测且错综复杂的生活、教育情境时，新时代的教师依然能恪守初心，"温故"千百年来师德发展的时代流向，以新时代的视角不断提升认知水平，优化行为习惯与生命样态，臻于"知新""出新""更新"，凸显人类教师的人性光辉。

---

① 项贤明：《在人工智能时代如何学为人师？》，载《中国教育学刊》，2019（3）。

师德智慧

从人类知识能力道德出发来看小学教师的地位，小学教师是掌握人类的基础教育者。为着爱护儿童，必须爱护小学教师。

——徐特立

第三节 未来师德的样貌

一、未来师德的新动能

畅谈未来师德的样貌，人、教师与人类所发明的科学技术之间的关系，无疑是既具有挑战性又蕴藏着机遇性的话题。赫拉利在《未来简史》中提出了"智人"（Homo Sapiens）和"神人"（Homo Deus）两个概念。智人分为早期智人与晚期智人。从解剖结构的角度看，现代的人类即晚期智人。在书中，赫拉利认为人类在物质生活的质量方面取得了巨大的进步，人类已经消灭了大规模的饥荒、瘟疫，控制住了战争。在此基础上，赫拉利提出未来人类将追求的三个目标：长生不死、永久幸福、成为神人。其中，成为神人意味着智人消失和被替代。而后，他谈到成为神人的三种具体路径：一是内部生物工程的物化；二是半机械人工程的物化，仅保留核心——有机大脑；三是通过非有机生物工程的、完全的物化，神经网络被智能软件代替，有机生命被无机生命代替，碳基生物被硅基"生物"代替。这样，如果人类的心灵从碳基变为硅基，心灵结构改变，智人将消失，人就变成了无所不能的神人，也就是变成了机器人。[①]

📖 资料卡片

智　人

智人是人属下的唯一现存物种，形态特征比直立人更为进步。早期智人被称为古人，生活在距今 25 万～4 万年前，主要特征是脑容量大，在 1300 毫升以上；眉嵴发达，前额较倾斜，枕部突出，鼻部宽扁，颌部前突。人们一般认为智人是由直立人进化来的，但也有人认为直立人在后来崛起的智人（现代人）走出非洲后灭绝或在此之前就灭绝了。晚期智人（新人）是解剖结构上的现代人，从距今 5 万～4 万年前开始出现。两者形态上的主要差别在于早期智人牙齿和面部减小，眉嵴减弱，颅高增大；晚期智人臂不过膝，体毛退化，有语言和劳动，有社会性和阶级性。

---

① [以色列] 尤瓦尔·赫拉利：《未来简史》，林俊宏译，18 页，北京，中信出版社，2017。

人类社会在蓬勃发展，科技水平在突飞猛进，未来的教育与当今的教育大不相同，未来的教师形象和职能可能发生翻天覆地的变化，未来的师德样貌也可能随之发生巨变。互联网发展趋势也已经从过去的信息互联网向产业互联网、价值互联网转型。尤其是随着智慧社会、智慧城市、数字经济的发展，互联网正在逐渐从过去的信息流通平台转换成产业支撑平台和价值联动平台，从过去的通信、科研领域转向千家万户、各行各业，逐渐充分发挥其平台作用和价值链的支撑作用，并继续向着新的方向进化。这样的背景下诞生了一个新的名词——"数字原住民"，即那些在网络时代成长起来的人，数字化生存是他们从小就开始的生存方式。

📖 **资料卡片**

数字原住民与数字移民 ①

数字原住民是指在网络时代成长起来的一代人。2001 年教育技术专家玛克·普瑞斯基发表《数字原住民，数字移民》，首次提出"数字原住民"（Digital Natives）和"数字移民"（Digital Immigrants）概念，将那些在网络时代成长起来的一代人称作"数字原住民"。他们生活在一个被电脑、视频游戏、数字音乐播放器、摄影机、手机等数字科技包围的时代，无时无刻不在使用信息技术进行信息交流和人际互动；那些在网络时代之前成长起来的学习者被称作"数字移民"。"数字移民"习惯文本阅读；"数字原住民"更倾向和习惯于屏幕阅读，强调更新速度和多重任务的重要性。

受玛克·普瑞斯基的启发，2006 年，韦斯利·弗莱尔在其《数字难民和桥梁》中首次使用了"数字难民"一词。

未来的教师是否会受到人工智能的挑战与挤压，已经是当代无法回避的问题。当下，人工智能时代已经悄然来临，机器人可以代替人类做一些力所能及的事情，逐步取代了一些人类工作，帮助甚至替代人类做决策。但无论如何，人工智能仅是人类智慧的部分呈现。除了技术和智能，人类还有人性，还有矢志不渝的爱情，还有舐犊情深的亲情，还有伯牙子期的友情，还有师生间的桃李情，还有对生命的敬畏，还有对信仰的执着，还有对自由的追求……那么，随着人类社会的发展，在新时代师德的愿景已经悄然清晰的基础上，未来师德的样貌会是什么样的呢？

▶ 生命叙事　7-3

一床婚被、一袋白面

故事发生在 20 世纪 80 年代末 90 年代初中国山东的一个沿海小镇上，那年我还在旧棉被改的襁褓中放肆啼哭。我的母亲——孙老师，是镇上一所中学的政治老师兼班主任。故事的主人公——姜哥哥，其实不在母亲的班里。他幼年家境殷实，后来家道中落。一次意外导致他的母亲

---

① 刘惊铎、杨晓丽：《生态网络社会》，107 页，北京，国家开放大学出版社，2020。

精神失常，父亲残疾。那时他刚满 13 岁，弟弟还未上小学。为了节省住宿费用，他每天从山中的家里走到学校，单程就有十余千米。大寒已过，母亲无意间听说他和弟弟只能同盖一床被，而那被子轻薄如纱。

姜哥哥家中的变故导致劳动力几乎丧失。立春之际，他的父亲走遍了十里八乡，却总也借不到用来度春荒、买白面的 10 块钱。母亲说，那时候姜哥哥的头发干枯得像用了多年的大扫帚，皮肤灰乎乎的，偶然才能看出皮肤间透着的符合他年纪的白嫩，他的眼神虽坚毅却黯淡无光。是的，没有人愿意帮助他们，亲属远离他们，势利的朋友也都避而远之，甚至他家的故事被当作一些人的茶余谈资和笑柄。当我的母亲在了解并确认了姜哥哥家中的情况后，下班回到家中便将塞在衣柜最底下的、舍不得盖的一床婚被拽了出来，借着冰雪上反射的月光，沿着小城的路，和做警察的父亲一起用"28 大杠"自行车一刻不停地将其驮到了姜哥哥家中。后来，母亲委托下乡办事的父亲将家里挤出来的一袋白面送到了姜哥哥的家里。

来自农村的父母那时还需要负担老家的一大半费用，加上新婚不久的家庭负担，经济非常拮据。当时的一袋白面相当于母亲大半个月的工资，但是她说当时一刻也没有犹豫。母亲说她只是看那孩子太可怜了。父母那时候才刚刚大学毕业，一切从零开始，婚被和白面实属来之不易。母亲说后来她自己偷偷地心疼了很久，但是心里却踏实了很多年。关于母亲的故事实在太多，但她一直笃定不足为外人道也。对于现在也在从事教育行业的我来说，那些关于母亲的故事和儿时的场景深深触动着我的神经，铮铮打动着我的灵魂。每到下雪时，看着窗外的一片白茫，我会时不时想起母亲帮助姜哥哥一家这件小事。有时也会恍惚，一些场景似乎重复出现过，也许是我的记忆碎片，也许是相似的事情发生了太多……

初中毕业后，由于家里实在没有能力供他读书，姜哥哥在我父亲的帮助下找了一份工作。而今他也早已身为人父，他的女儿在小镇上健康茁壮地成长着。

🔍 **叙事之问**　　孙老师的故事距今已有 30 余年，彼时与今日师德的样貌是否有变化？未来师德的样貌将会是什么样的？

💡 **叙事之思**　　这是一个真实的、没有跌宕起伏的、没有修饰的、平凡的小故事，故事的讲述者是彼时于澳门城市大学读教育学博士的任芳德。"孙老师"的名字——孙明月，像她的故事一样美丽、朴素、平凡。事实上，在这片温暖的土地上，在平凡的岗位上，你我身边有太多太多同孙老师一样平凡而伟大的人民教师在为学生默默奉献着。他们为善育人的出发点是心无杂念地爱学生，关心学生生命，对学生的遭遇有着强烈的同理心和共情力，这才是师德的本质所在。孙老师只是做了自己以为心安理得的事，却不经意地影响着、推动着人类一点一滴的进步。

乍一看，"饥荒"似乎离我们非常遥远。对于在新时代成长的年轻人来说，就好像从未发生过一样。倘若换一个较温和的词语——"贫困"，想必没有人会陌生。这是一个曾经长期伴随着新中国发展的词语。然而令人欣喜的是，值中国共产党成立 100 周年之际，全面建成小康社会终于取得了历史性成就，在现行标准下 9899 万农村贫困人口全部脱贫，也就是说，我国已经消除了绝对贫困。因此，我们可以笃定预见的是，在新时代背景下，"上不起学"这一类的情况将会不复存在。那么，孙老师的故事会不会沦为老生常谈、枯株朽木呢？

相较于数十年前，如今人们的生活条件已经发生了天翻地覆的变化，孙老师不再需要为学生吃不饱、穿不暖的窘态而担忧。然而，一些新问题也随着人类社会的发展和科技的进步出现了，有的学生作为"数字原住民"被困于网络社会的"虚实"之境而无法明辨，有的学生无论家境如何皆被父母留于祖辈驻守之家中……尽管物质层面的问题越来越少，但是学生面临的精神层面的问题却逐渐凸显出来。解决这些问题就需要有新动能注入。回到本书的第一章——师德发展的千年回望，其中多有涉及孔子的"仁爱"理念的论述。事实上，当我们升维鸟瞰，以"仁"为本，将"仁"上升为本体之时，我们可以清晰地看到，"仁""爱"是未来师德重要的发展方向。

孙老师的故事虽然发生在过去，但其实是一个具有寓言性、言说未来的故事。三十年前，孙老师将家中的粮食与暖褥赠与学生以解其忧患；三十年后，也必将有无数的"孙老师"以其仁爱之心关注、呵护、解救那些陷入精神孤独的、被信息海洋淹没甚至忽视的学生。

根据以上论述，我们能否给未来的师德绘出一幅画像呢？当改革开放的春风从我国南端一座小城向各地吹来的时候，彼时阳光四溢、富饶的胶东一隅仍有同胞生活在"饥寒交迫"中。如今，我国已全面建成小康社会，人民安居乐业，国力昌盛。师德师风像改革开放的春风一样从未停歇，后劲十足。站在历史的长河中，无论是回望还是前瞻，师德之样貌更加美好。"上善若水，水善利万物而不争"，平凡岗位上的道德模范教师像水一样，以仁爱之心包容万物，不声不响，不急不躁，不愠不火，激潜、润养着人性的光华。

二、未来师德的新样貌

30 年前的师德样貌与当今的师德样貌似无骤变。那么，未来师德的新样貌是什么样的，这是一个值得深思的问题。

随着人类社会和科技的迅猛发展，新一轮科技革命和产业变革席卷全球，大数据、云计算、物联网、人工智能、区块链、虚拟现实、元宇宙等新技术、新场景、新时空不断涌现，数字经济正深刻地改变着人类的生产和生活方式，教育样态在无声息地发生着改变。俞敏洪在 TEC2018 教育创想大会上指出："未来教育领域在中国真正发生的革命还不是 AI 的革命，是互联网、AI 加上区块链技术合起来以后颠覆的革命。"

资料卡片

区块链

区块链是一个信息技术领域的术语。从本质上讲，它是一个共享数据库，存储于其中的数据或信息，具有不可伪造、全程留痕、可以追溯、公开透明、集体维护、去中心化等特征。基于这些特征，它提供了一种去中心化的、无须信任积累的信用建立范式，并奠定了坚实的信任基础，创造了可靠的合作机制，具有广阔的运用前景。

2019 年 1 月 10 日，国家互联网信息办公室发布了《区块链信息服务管理规定》。同年 10 月 24 日，在中央政治局第十八次集体学习时，习近平总书记强调："把区块链作为核心技术自主创新的重要突破口"，"加快推动区块链技术和产业创新发展。"

区块链已走进大众视野，成为社会的广泛关注焦点。它也作为一项颠覆性技术，正在引领全球新一轮技术变革和产业变革，有望成为全球技术创新和模式创新的策源地，推动信息互联网向价值互联网变迁。

新时代的教师命运与学生命运息息相关。对于大多数中国家庭而言，高考是中国教育最重要的问题之一。一定程度上，孩子的前途与一年仅有一次的高考挂钩。高考是否可以科学地选拔人才，是否能够保证公平公正广受争议。随着区块链技术的发展，一些曾经颇具争议的问题便自然会得到解决。由于区块链技术的最大特点之一是数据不可篡改，因此当把孩子的学习轨迹如实记录下来，再运用人工智能手段加以分析得出报告时，就能改变一次高考成绩决定孩子命运的现状。

由于区块链技术的开放性和透明性，从默默无闻的乡村教师到众星捧月的"明星"教师，从德才双馨的模范教师到初出茅庐的青年教师，都有同样的机会被公众或教育部门监督和评价，因此，在一定程度上说，借助区块链技术能抵消人性中负面的因素，让教师在更广袤的天地中畅快呼吸、充分成长。教师的职场幸福感也会随之提高，未来师德的样貌也会更有力地抵御人类社会发展带来"恶"的蚕食，更立体、客观、积极、健康、有活力、有生命地呈现在世人面前。

然而，目前区块链技术与教育的结合还存在很多问题。比如，尽管人人都可以向云端上传信息、资源，但是这些信息的真伪认证需要更多的技术和法律等手段管控。此外，个人隐私的保护在大数据时代受到挑战。由于区块链是去中心化的，因此，在建立学历或工作档案时，区块链的开放性与透明性特点就可能让个人隐私泄露。还有，在"区块链 + 教育"的模式下，学生可以走出家庭和学校，以一种新的方式成才并得到认证。传统的教育将受到冲击，教师的角色和师德样貌也有可能发生变化。

网络技术的现状极大地限制了网络课程的开展，极大地影响着教学质量和师生间的关系。网络课程直播平台崩溃的声音此起彼伏，模糊的直播画面"欺凌"着守在电脑两端的师生。不仅学生怨声载道，就连教师也因为无法在网络课堂上"直面"学生、与学生实时互动而失去一部分幸福感，师生间的关系也被迫从原来全息立体的变为二维平面的。

近年来，第五代移动通信技术（5G）渐次融入寻常百姓家，一部1GB大小的电影仅需要10秒便可下载到本地电脑。随着虚拟现实技术（VR）的发展和普及，可以预期的是，师生不需要共处一室便可体验面对面交流，甚至随时开启"任意门"，便可从各自的房间"走到"世界上任意一个教育场景，直面万物。随着增强现实技术（AR）的进化与平民化，它能帮助学生在虚拟的空间中体验神奇的化学实验，理解深奥难懂的物理原理，解剖、观察虚拟的鱼类等。

📖 资料卡片

5G

5G，第五代移动通信技术（5th generation mobile networks 或 5th generation wireless systems，简称5G或5G技术）是最新一代蜂窝移动通信技术，也是继4G（LTE-A、WiMax）、3G（UMTS、LTE）和2G（GSM）系统之后的延伸。5G的性能目标是高数据速率、减少延迟、节省能源、降低成本、提高系统容量和大规模设备连接。5G速度高达20 Gbit/s，可以实现宽信道带宽和大容量多进多出。

然而，这种借助虚拟现实技术的"面对面"会带给学生在教室里的那种体验吗？这样的教育场景下的师德样貌会发生什么变化呢？现在恐怕难下定论。不过可以肯定的是，这种新型的"面对面"已经不再是人与人之间直接发生关系了，而是需要通过互联网、数码产品等中介发生关系。在这样的情形下，教师"教书育人、立德树人"，可能难以对学生产生直接教育影响，只能通过新媒介传达。在我们认知的世界中，理想状态是不存在的。世间万物在进行能量的交换、传递、传达、运输等过程时，一定会产生能量消耗。因此，上述这种新型的"面对面"过程也不会例外，教师"传道受业解惑"的效果一定会大打折扣。

尽管面对新兴事物和未来，基于当下的认知，我们难以做出准确判断；不过，可以想象的是，那个放学后陪着学生等待家长来接的教师形象消失了，那个为了接济学生拿出自己家米面的教师形象消失了，那个为了不落一堂课忍着病、冒雨来上课的教师形象消失了……

📖 资料卡片

虚拟现实技术与增强现实技术

虚拟现实（Virtual Reality，缩写为VR）技术，又称灵境技术，是20世纪发展起来的一项全新的实用技术。虚拟现实技术囊括计算机、电子信息、仿真技术于一体。其基本实现方式是计算机模拟虚拟环境，从而给人以环境沉浸感。随着社会生产力和科学技术的不断发展，各行各业对虚拟现实技术的需求日益旺盛。虚拟现实技术也取得了巨大进步，并逐步成为一个新的科学技术领域。

如今，虚拟现实技术已经成为促进教育发展的一种新型教育手段。利用虚拟现实技术可以帮助学生打造生动、逼真的学习环境，使学生通过真实感受来增强记忆。相比于被动性灌输，利用虚拟现实技术进行自主学习更容易让学生接受，这种方式更容易激发学生的学习兴趣。此外，各大院校利用虚拟现实技术建立了与学科相关的虚拟实验室，以帮助学生更好地学习。

增强现实（Augmented Reality，缩写为AR）技术是一种将虚拟信息与真实世界巧妙融合的技术，广泛运用了多媒体、三维建模、实时跟踪及注册、智能交互、传感等多种技术手段，将计算机生成的文字、图像、三维模型、音乐、视频等虚拟信息模拟仿真并应用到真实世界中，且已营造出"元宇宙"。两种信息互为补充，从而实现对真实世界的"增强"。

增强现实技术以其丰富的互动性为教育注入了新的活力，运用该技术开发的教育产品更适合学生的生理和心理特性。文字与动态立体影像更能激发学生学习的兴趣，帮助他们直观地认识新知识，快速建构自己的知识体系。

一些学者在探索打造师德高尚的人工智能教师的可能性和可操作性。黄甫全给师德高尚的人工智能教师下了定义。他指出：师德高尚的人工智能教师是一种特殊的类人智能与类人机器人，具有高尚的师德和卓越的教学能力，会带来一个智能教育化的新时代。[①] 为了创造这样一种师德高尚的人工智能教师，其研究团队力图将神经科学和人工智能与教育学、课程与教学论交叉融合，分别于理论研究和技术开发层面寻求突破和发展。到目前为止，以上研究只是处于项目的初级阶段。

随着互联网的数字化发展，上网人数越来越多，教育也在悄无声息地改变着。未来某时，教师如何与学生处理好关系？未来的教育会变成什么样？未来师德的样貌又会是怎样的样态呢？

在思考这些面向未来的开放性问题时，纵使我们还无法准确给出某种标准答案，但我们可以笃定的是，无论人类社会怎样发展，人类怎样进化，教育怎样发展，教师的职能如何变化，人与教师源于生命根源的力量与价值不仅不会消减，反而会增强。师德中的"仁""爱"等核心精华定会历久弥新，甚至有着更强的传染力、生命力。

归根结底，教师是为未来培养人才的。为此，未来教师要以更加开放的心态面对未来时代层出不穷的新现象、新问题和新挑战，应从思想意识深处超越工具论，转向发展论，自觉成为"道德教师"。未来教师不仅要教育引导学生，而且要把职业生涯规划及自身的发展变成一个"生态创生"的过程和结果，不断自觉升维、拓展，不断发展、完善自己，加深专业技术锤炼，丰富精神世界，提升师德修养境界，深层提升职场幸福感。

---

① 黄甫全：《研发师德高尚的AI教师——德育神经科学和人工智能与有效教学论的交融愿景》，载《中国德育》，2019（5）。

师德智慧

师也者，教之以事而喻诸德也。

——《礼记·文王世子》

【关键词图示】

请提炼出本章的关键词，并选择一两个关键词进行阐释，或用实例分析，并将关键词绘制成思维导图。

【体验之思】

请描述你心目中未来教师的师德样貌。

【推荐读物】

1. 项贤明. 在人工智能时代如何学为人师？[J]. 中国教育学刊，2019（3）：76-80.

2. 曹培杰. 未来学校的变革路径——"互联网＋教育"的定位与持续发展 [J]. 教育研究，2016（10）：46-51.

3. [以色列] 尤瓦尔·赫拉利. 未来简史 [M]. 林俊宏，译. 北京：中信出版社，2017.